Ingrandimenti

Gianna Schelotto

CERTE PICCOLISSIME PAURE

Storie segrete di quotidiana ansietà

ARNOLDO MONDADORI EDITORE

Dello stesso autore
nella collezione Ingrandimenti

Matti per sbaglio
Strano, stranissimo, anzi normale
Una fame da morire
Caino il buono

ISBN 88-04-38166-3

I edizione aprile 1994

Indice

Desidero vivamente ringraziare:

I «paurosi» che mi hanno regalato le loro storie;

Ida Ombroni, madrina del libro e impagabile consigliera;

Gigi Bochicchio, paziente e provvidenziale nel dirimere le drammatiche controversie fra me e il computer.

Certe piccolissime paure

A Camilla e Tommaso

La palummella: cominciamo da me

Da piccola non avevo paura del lupo e nemmeno delle streghe. Mi atterriva invece la «palummella». Con questa immagine era definito al mio paese il baluginio argenteo che si «stacca» dallo specchio dopo aver catturato la luce e si sposta guizzante su persone e cose.

Mi era accaduto di ascoltare i racconti, proibiti per me ma pieni di fascino, che si scambiavano le ragazze quando in tempo di vendemmia venivano a lavare le bottiglie nella cantina di mio nonno. Dal loro chiacchierio fitto e vivace avevo appreso che nel guizzo luminoso della palummella palpitava uno spirito, l'anima di un morto che ogni tanto ritornava in terra assumendo quell'aspetto fugace e impalpabile. Ero incantata da quelle leggende e stavo ad ascoltarle per ore pur sapendo che poi avrei pagato con mille pensieri angosciosi quelle informazioni proibite. La paura mi attanagliava, anche se le ragazze attenuavano il terrore evocato dalle loro storie con risate argentine o con antiche canzoni, che esplodevano improvvise e liberatorie dalle giovani gole.

Ero troppo piccola per una paura così grande. E ad accrescere il mio spavento c'era il fatto che non potevo parlarne alla mamma. Se le avessi confidato la mia angoscia avrei dovuto confessarle che avevo ascoltato quei racconti tabù e mi sembrava una mancanza grave e assolutamente inconfessabile.

Lei si preoccupava molto di certi miei terrori improvvisi e incomprensibili. Una volta chiamò persino il medico. Mi ero messa a urlare nascondendomi la testa con le braccia, quando lei, aprendo l'anta a specchio dell'armadio, aveva provocato il saettante balenio di cui non immaginava neanche il potere malefico.

A poco a poco, la paura degli spiriti aveva cominciato a ossessionarmi anche indipendentemente dallo stimolo luminoso che la provocava le prime volte. Non sapevo nulla della morte, ero nell'età felice in cui tutte le persone care sono giovani e presenti. Ma proprio il fatto che il mio terrore fosse così vago e indefinito lo rendeva più sconvolgente. Non potevo circoscrivere la mia paura perché gli spiriti minacciosi potevano essere dappertutto. Nell'aria che respiravo, nell'acqua che bevevo, nel cibo che mangiavo. Il buio era diventato per me un covo di oscure presenze. Ogni fruscio, ogni ombra, ogni piccolo rumore mi dava un tuffo al cuore. Gli oggetti più familiari assumevano forme mostruose, le sagome degli abiti appesi allo schienale della sedia, perfino i giocattoli dimenticati nell'oscurità diventavano demoni ostili. La situazione sarebbe diventata davvero allarmante per me se non fosse accaduto un episodio provvidenziale.

Un pomeriggio d'estate io e mia madre eravamo sedute al fresco sul pianerottolo di casa. Stavamo ricamando e lei, china su di me, cercava d'insegnarmi i misteri dell'ago e del filo. D'un tratto ai nostri piedi si materializzò come dal nulla un topolino grigio dalla lunga coda inquieta. Attraversò velocissimo il pianerottolo e scomparve sotto lo spiraglio della porta del sottoscala. La mamma a quella vista ebbe una reazione drammatica. Non disse niente ma scattò in piedi come una molla. La vidi pallida e tremante che si addossava al muro come se volesse scomparirvi dentro, il tovagliolo che stava ricamando era caduto a terra assieme ai fili multicolori, all'agoraio e alle forbicine, ma sembrava che non le importasse più nulla di nulla. «Chiama papà» ordinò con un filo di voce quando finalmente ritrovò la parola. Il topino era scomparso da un pezzo ma lei evidentemente aveva bisogno di qualcuno che, con la sua presenza, ne esorcizzasse il passaggio inquietante.

Fu la prima volta che vidi un grande in preda allo spavento. Fino a quel momento avevo pensato che quel tormentoso castigo fosse riservato ai bambini.

La mia paura degli spiriti e del mondo dei morti scomparve completamente. Non sono certa che sia accaduto proprio quel pomeriggio, ma so che una paura più accettabile, quella dei topi, sostituì l'antico orrore.

Non rinuncerei per nulla al mondo alla mia bella, simpatica paura dei roditori, simbolo di inquietudini antiche e condivise. So che questa fobia rappresenta per me un elemento di equilibrio, un compromesso che forse mi protegge da più oscuri e tormentosi sgomenti ancestrali.

A volte è più conveniente abbandonarsi a timori apparentemente sciocchi e irrazionali che lasciarsi irretire da angoscianti riflessioni sui profondi misteri del vivere e del morire.

Tutti possiamo avere dei timori insoliti o strani che ci disturbano o ci tormentano. Sono, specialmente quando le si giudica dal di fuori, «piccolissime» paure che se non ci fossero dovremmo forse inventarle.

Gambe ribelli

La camera era immersa in un chiarore bianco, lattiginoso, vagamente irreale. Gianni ci aveva scherzato su fino a un minuto prima: «Questa è una notte magica, perché finalmente ti sei decisa a entrare nel mio letto» aveva sussurrato alla ragazza stesa accanto a lui. Stranamente non aveva mai notato che a dispetto delle persiane chiuse all'interno filtrasse tutta quella luce.

Marianna sospirò stiracchiandosi come un gatto. Forse sta per addormentarsi, pensò Gianni con sollievo. Si era fatto molto tardi e lui era stanchissimo. Ma non poteva dormire col dubbio che la sua compagna fosse ancora sveglia.

Tra l'altro c'era un impedimento fisico: lei gli si era abbarbicata addosso, la guancia destra affondata tra i peli del suo petto e il piccolo braccio tornito gettato con tenero abbandono su di lui. Naturalmente non gli era per niente dispiaciuto che Marianna, dopo il loro folgorante amplesso, gli chiedesse di restare abbracciati. Ma ora si domandava con qualche imbarazzo se intendesse davvero passare tutta la notte in quell'affettuosa ma scomodissima posizione. Era classico delle donne, pensava, sovrapporre il sentimento alla fisiologia. Certo, l'amore, come dice una vecchia canzone, è una cosa meravigliosa, ma dopo bisogna pur dormire qualche ora. Invece la bella signora che gli giaceva accanto sembrava convinta che il sonno fosse solo un modo diverso di avere un rapporto e così l'aveva avviluppato in un abbraccio paralizzante.

Provò a cambiare posizione piano piano, ma lei, nel dormiveglia, gli si avvinghiò ancora più forte, pigolando qualcosa di tenero.

Per un tempo che si stava facendo interminabile Gianni aspettò di sentir diventare più pesante su di sé il corpo della sua ospite.

Poi con estrema delicatezza le sollevò il braccio inerte e lo spostò. Ma non fu sufficiente a liberarlo, la cosa più difficile era togliere la testa della bella dal suo petto e posarla cautamente sul cuscino senza svegliarla. Si sentiva un po' ridicolo, ma non sopportava più di essere immobilizzato, prigioniero. Scivolò da un lato con un movimento deciso e finalmente con un gentile mugolio lei si girò dall'altra parte e continuò placida a dormire.

Gianni scese dal letto e cominciò al buio la sua ricerca: ecco il cappotto che aveva portato deliberatamente in camera, la cartella con i ritagli di giornali e l'elenco del telefono. Muovendosi a tentoni posò ogni cosa sul letto, dalla parte dei piedi poi, sempre con grande cautela, s'infilò tra le lenzuola. Fece qualche prova. Allungò le gambe per vedere se riusciva a sentir bene il peso degli oggetti che aveva deposto sul fondo. Ma non gli sembrò sufficiente. Si alzò di nuovo, un po' infastidito di dover compiere quella fondamentale operazione al buio, col timore che Marianna, svegliandosi, potesse scoprire il suo imbarazzante segreto. Sulla poltroncina di solito lasciava un pesante cuscino di crine: ma forse lo aveva spostato nella concitazione dei preliminari erotici. Dove poteva esser finito? La notte intanto scorreva veloce e Gianni pensava con ansia che se non fosse riuscito a dormire almeno un po' l'indomani sarebbe stato uno straccio. Ma non avrebbe chiuso occhio senza la sua rassicurante zavorra sui piedi.

Finalmente, a tentoni, trovò il cuscino, lo sistemò con le altre cose e si coricò. Ora che i suoi piedi erano saldamente ancorati al materasso da tutti quegli oggetti poteva finalmente prender sonno.

Non fu così facile. Il suo rito serale, che sembrava tanto innocuo e automatico quando dormiva solo, adesso era minacciato dalla presenza di Marianna. Eppure Gianni sperava ardentemente che quella fosse solo la prima di molte notti insieme.

Stavolta era davvero innamorato e forse sarebbe riuscito a costruire con la dolce Marianna un rapporto stabile e duraturo. Ma per quanto tempo sarebbe riuscito a nascondere alla sua compagna quell'imperioso bisogno di zavorrarsi i piedi prima di dormire?

Rinunciare alla sua singolare abitudine gli era impossibile: ogni volta che ci aveva provato era riuscito solo ad assicurarsi notti insonni e piene di paure. In fondo, si consolava, non era poi così terribile assecondare il suo misterioso desiderio. Certo, più d'una volta aveva declinato inviti notturni anche allettanti, ma in cambio aveva sempre dormito sonni tranquilli.

Quel «vizio» lo aveva contratto da bambino. Ma in casa nessuno era intervenuto per correggerlo. Sua madre, anzi, lo aveva assecondato pensando con la solita indulgenza a un passeggero capriccio infantile anziché a un problema psicologico più complesso. Gianni era sempre stato consapevole dell'assurdità delle sue manovre serali e temeva che contenessero i germi di una segreta follia. Tanto più che alle radici di quel ridicolo rituale c'era una fantasia veramente assurda. Quel che lo costringeva, sera dopo sera, a caricarsi di pesi, era l'idea, bislacca ma invincibile, che di notte le sue gambe avrebbero potuto all'improvviso vivere una vita autonoma. E quando non frenava la sua morbosa fantasia, si vedeva in trance scendere dal letto e muoversi come un burattino al seguito dei suoi arti ribelli in libera uscita. Chissà mai dove l'avrebbero condotto quelle sue pazze gambe, approfittando del fatto che lui, dormendo, non era in grado di controllarle.

Gianni aveva tentato parecchie volte di scoprire le origini della sua strampalata necessità. Non era mai stato un ragazzo avventuroso: i viaggi, le novità, le fughe non lo avevano mai attirato. Ma forse questo era dovuto alla sua situazione familiare più che al suo carattere. Come e dove avrebbe potuto fuggire se suo padre era già scappato prima di lui? Non poteva certo lasciare sola quella povera donna di sua madre che aveva già tanto sofferto per quell'abbandono crudele e ingiustificato.

Papà li aveva lasciati soli, lui e la mamma, senza farsi vivo per anni. Fin da bambino Gianni era abituato a vederlo poco in casa, ma era normale per un marittimo. Suo padre faceva lunghissimi viaggi sulle petroliere. Di norma restava lontano sette-otto mesi all'anno. Ma una volta non era proprio più tornato. «Si è fatto un'altra famiglia in Argentina» sentiva sussurrare dagli indignatissimi parenti. La fuga del padre aveva naturalmente influito sull'adolescenza di Gianni che di colpo era diventato l'uomo di casa, l'appoggio, il conforto e la speranza della madre.

Senza che nessuno glielo avesse esplicitamente suggerito il ragazzo sembrava impegnato a diventare l'esatto contrario di ciò che era stato suo padre. La forza di volontà per lui era una sorta di divinità da adorare e da compiacere ciecamente. Così negli studi, negli sport, nelle relazioni l'aveva sempre sorretto una ferrea determinazione. Provava un profondo disprezzo per chi si lasciava trasportare dai sentimenti e non sapeva dominare i propri pensieri. E ogni sera, a scanso di equivoci, si zavorrava le gambe come se fossero le portatrici sane di pulsioni morbose e inconfessabili.

Marianna si agitò nel sonno. Allungò le mani verso di lui. «Che ora è?» domandò, improvvisamente sveglia. Gianni si rese conto che a dispetto della sua impressione di non aver dormito in realtà si era svegliato in quel momento, riscosso dalla domanda di lei. Guardò l'orologio fosforescente sul comodino. «Sono appena le quattro» le bisbigliò. «Ah» fece lei, e incongruamente aggiunse: «Che bellezza!». Poi gli si stese addosso nell'identica posizione di quando si era addormentata. Forse, rifletté Gianni incerto se la cosa gli piacesse o no, forse se Marianna verrà a vivere con me, non avrò più bisogno di zavorrarmi prima di dormire.

Bestioline

Ogni volta che si sfilava i guanti, un dito via l'altro, Virginia ricordava la filastrocca che le recitavano da bambina: «Questo vuole il pane, questo dice: non ce n'è...». Era un soffio caldo, un flash della memoria, fuggevole e confortante.

Si tolse il cappotto e la sciarpa e li porse alla ragazza che le aveva aperto la porta. Poi stringendo i guanti come uno scettro si avviò verso il salotto. C'erano già altri ospiti, lei salutò tutti cordialmente e cercò un posto per sedersi. Ma non c'erano sedie disponibili. Poteva sistemarsi solo sul divano. Cercò di temporeggiare e chiacchierò animatamente con la padrona di casa ignorando tutti gli inviti ad accomodarsi. Finse di andare a cercare qualcosa in tasca del cappotto che aveva appena lasciato sperando che nel frattempo la situazione cambiasse. Ma non c'era niente da fare. Quando ritornò, l'unico spazio per lei era ancora quello sul divano. Restò ostinatamente in piedi. «No grazie» si schermiva. «Sono stata seduta tutto il giorno...» Ma non era pensabile che rimanesse lì impalata tutta la sera mentre gli altri se ne stavano comodi e rilassati. Cominciò ad agitarsi: stava dando un penoso spettacolo di sé ma non poteva farci niente: su quel divano non poteva proprio sedersi.

Come se un attentissimo dio avesse ascoltato le sue preghiere segrete, uno degli ospiti lasciò la sua sedia per andare a versarsi da bere. Virginia ebbe uno scatto felino e vi si buttò sopra senza ritegno, temendo che un altro potesse sottrarle quel posto privilegiato. Respirò sollevata: ora poteva anche seguire la futile conversazione che si svolgeva nel salotto fino alla fine della serata.

Ma quando credeva di aver risolto il problema, la padrona di casa volle che tutti andassero nella camera del bambino a dargli la buona notte. Penose queste giovani madri che impongono al prossimo quanto mai disinteressato le presunte meraviglie dei loro pargoli.

Virginia prima di allontanarsi «occupò» la sua sedia con i guanti che provvidenzialmente si era portata dietro. Ma non servì: quando l'allegra compagnia tornò in salotto, i suoi guanti erano stati deposti delicatamente sul tavolino e il sospirato posto non era più libero.

A complicare le cose venne anche la distribuzione della torta. Qualcuno dal divano l'afferrò per un braccio e la tirò giù: «Venga qui vicino a noi, altera signora!». Le fecero posto su quel maledetto sofà, tra due sconosciuti chiassosi e invadenti. Le passarono un piatto col dolce e lei, con le mani occupate, si sentì ancora più minacciata e indifesa.

Cominciò a sudare abbondantemente: il corpo le si irrigidì mentre cercava disperatamente di non urlare. Le costava uno sforzo smisurato non scattare su come una molla. Doveva dominarsi a ogni costo. Percepiva le voci come un fastidioso ronzio e non riusciva a concentrarsi su quel che si andava dicendo intorno a lei. Forse, se fosse riuscita a cogliere il filo di un discorso qualsiasi, si sarebbe un po' distratta, ma tutta la sua attenzione era concentrata su quello che secondo lei stava accadendo sotto il cuscino del divano dove disgraziatamente era seduta. E immaginava, anzi *sentiva*, un formicolio di bestioline microscopiche che circolavano indisturbate senza che nessuno si preoccupasse di eliminarle.

«Non dovevo venire» si rimproverava affranta. «Non dovevo proprio accettare l'invito.» Riusciva a dirsi solo questo e ripeteva mentalmente la frase come una tetra filastrocca.

Certo che a dirlo fa anche un po' ridere, pensava Virginia. Come si fa a confessare: ho paura di mettermi a sedere sui divani? Però è anche vero che la gente sta poco attenta all'igiene. Chissà da quanto tempo la padrona di casa non passa l'aspirapolvere sotto questi cuscini. Non è poi così improbabile che nella polvere si annidino bestioline di ogni genere.

Non resse oltre. Dovette alzarsi. L'uomo che prima l'aveva tirata giù se la prese. «Ve lo dicevo io che è superba!» esclamò, lasciando intendere che prima del suo arrivo si era fatto qualche pettegolezzo sul suo conto.

Virginia non se ne preoccupò. Sapeva di destare la curiosità della gente per i suoi modi strambi e i suoi improvvisi mutismi. Ciò che le stava a cuore in quel momento era mettere la massima distanza possibile fra sé e l'inquietante brulichio che, ne era quasi certa, ferveva sotto il cuscino del divano. Si fece indicare il bagno e quando riuscì a chiudersi dentro poté finalmente mettere in atto tutte le sue strategie difensive. Si lavò freneticamente le mani e si rinfrescò le guance infocate. Poi sfilò la gonna e controllò con la massima attenzione se qualcuno di quegli immondi animaletti era riuscito a passare dal divano a lei. Alla fine, rinfrancata e composta, tornò in salotto, ma solo per salutare e congedarsi. Nessuno le fece domande, ma Virginia sapeva perfettamente che si sarebbe fatto un gran parlare appena avesse voltato le spalle.

«Si dev'essere offesa per qualcosa» disse con ostentata indifferenza una signora bionda.

«È strana, forse un po' matta. Però è davvero affascinante» rifletté ad alta voce un altro ospite. La padrona di casa cercava di sdrammatizzare, ma tutti volevano notizie della imprevedibile signora che li aveva appena lasciati. «È stata sposata, vero?» s'informò qualcuno. «È divorziata?»

«No» precisò la solita ben informata. «Ha ottenuto l'annullamento dalla Sacra Rota.»

«Allora c'era un problema di sesso» decretò l'uomo che l'aveva fatta sedere sul divano. E aggiunse in tono da perfetto intenditore: «Ecco perché è così rigida!».

«Ma tu che ne sai?» rimbeccò il suo vicino con ironia.

«Certo che lo so» sbuffò l'altro. «Era seduta qui, vicino a me, l'ho sentita: era dura come un baccalà.»

«È rigida perché è stata allevata in una caserma. Sua madre è morta quando era piccola e suo padre era generale. Perciò...»

Quando finalmente arrivò a casa Virginia era sfinita, ma tutto sommato contenta di sé. Era riuscita a limitare i danni.

Non aveva urlato e il suo malessere non aveva assunto forme vistose. Forse, se non fosse uscita così a precipizio, nessuno si sarebbe reso conto di nulla.

Mentre s'infilava sotto la doccia, ripensò alla serata e all'orribile brulichio degli insetti nascosti nell'elegante divano della sua amica. Si domandò per quanto tempo ancora quella sua assurda fobia l'avrebbe tagliata fuori dal mondo. Non che le mancassero molto le compagnie come quella che aveva appena lasciato, ma la inquietava non sentirsi padrona di sé e della sua vita. C'era sempre stato qualcosa di profondamente sbagliato in lei, o almeno Virginia era cresciuta con quella convinzione.

Fin da piccola si era sentita inferiore alle aspettative del padre e aveva temuto più di ogni cosa la proverbiale intransigenza del generale e i suoi severissimi giudizi.

A diciotto anni, prima dell'esame di maturità, era rimasta incinta. «È un caso relativamente eccezionale» disse il ginecologo. «È in una gravidanza, ma la ragazza è vergine.» Questa certificazione di parziale innocenza non servì a placare suo padre. La notizia lo spezzò. Dilaniato fra la sofferenza e il furore faceva quasi paura. Fu un'autentica disgrazia. Virginia dovette sposare un insopportabile giovanottello che in un pomeriggio di primavera aveva spinto un po' troppo in là l'antico gioco del dottore. Ne fu sconvolta perché non si era assolutamente resa conto di aver fatto qualcosa di tanto grave e definitivo. Non era ingenua, né sprovveduta: le era capitato molte volte di fare i cosiddetti giochi proibiti con i ragazzi e proprio per questo non aveva immaginato le nefaste conseguenze che quell'incontro avrebbe avuto per lei.

«Mio figlio ha il sangue giovane... è un torello...» diceva orgogliosa la madre del precoce seduttore: era ovvio che quell'increscioso incidente le sembrava una specie di invidiabile primato, la prova della prorompente virilità del suo focoso pargolo. E il generale dovette subire anche le espressioni di volgare compiacimento della signora e consorte. Virginia a volte pensava che suo padre fosse più provato dalla vicinanza di quella gente che dalla sua sciagurata disavventura.

Abortì spontaneamente prima del terzo mese di gravidanza, ma ormai era sposata e infelice. I rapporti col padre si guastarono definitivamente quando lei, dopo due anni soltanto, si intestardì a chiedere l'annullamento alla Sacra Rota.

Il generale non riusciva a capire perché, dopo essersi messa nei guai per il sesso, ora si rifiutasse di adempiere al suo dovere coniugale. Pensò che la figlia fosse animata dall'oscuro bisogno di buttare il discredito sulla sua famiglia. Virginia provava una pena profonda per lui, sapeva di averlo deluso atrocemente e capiva che la loro possibilità di comunicarsi amore e odio era inesorabilmente perduta. Questo rendeva più punitiva e crudele la sua solitudine. Forse era proprio il continuo rimuginare sul passato e sulle sfortunate vicende della sua vita a renderla prona alle paure e ai sospetti assurdi. La paura incontrollabile delle bestiole immaginarie nascoste negli angoli polverosi dei letti e dei divani aveva cominciato a tormentarla da quando era rimasta sola in quella grande casa. Si sentiva orribilmente minacciata da qualcosa che a sua insaputa, senza che nessuno potesse intervenire, si metteva all'improvviso a percorrerle il corpo. Proprio come gli immondi spermatozoi che segretamente, subdolamente, erano penetrati nel suo corpo di vergine e le avevano distrutto la vita.

Spaghetti e malumore

Marco Vitali aveva un segreto. No, non una malattia e neppure un inconfessabile peccato di gioventù. Di questo suo interno affanno non era mai riuscito a parlare con nessuno, nemmeno nei periodi in cui aveva goduto di profonde amicizie o quando, più raramente, si era inabissato in passioni amorose travolgenti e disordinate.

Trent'anni appena compiuti, un lavoro gratificante, una posizione economica eccellente e un fascino alla Richard Gere. Non gli mancava, come si suol dire, assolutamente nulla, ma con le donne era un disastro proprio per via di quell'inconfessabile segreto. Chi pensasse che i guai di Marco erano dovuti a scarse prestazioni sessuali è completamente fuori strada. A letto, quando riusciva ad arrivarci, era una forza della natura e le sue compagne non perdevano occasione per beatificarne la generosità, la durata e la potenza.

Se non c'era quasi mai una seconda volta, dipendeva dal suo disturbo segreto che lo metteva in condizione di essere frainteso o di insospettire o deludere le fanciulle a cui si proponeva.

Ornella gli era piaciuta subito e a sua volta sentiva di piacerle. L'aveva spesso invitata a bere un aperitivo, e più avanti, dopo cene separate, cioè ognuno a casa propria, l'aveva portata a teatro, al cinema e dopo, senza nessun problema, a letto. Poteva andare benissimo, ma Marco sentiva che quanto prima la spada di Damocle che gli incombeva sulla testa avrebbe fatto sentire la sua presenza. E infatti, con ironica puntualità, il giorno era venuto lei gli aveva proposto col tono più normale del mondo di andare a cena in un bel ristorantino appena fuori città. Ornella gli piaceva veramente e Marco si costrinse ad accettare.

Passò ore terribili in attesa della fatidica prova. Era angosciato all'idea dello spettacolo che avrebbe dato di sé nel caso, piuttoso probabile, che si verificasse quella particolare situazione. Cercava di convincersi che Ornella era una ragazza intelligente e disponibile, bastava confessarle il suo segreto e avrebbe certamente capito. Ma vedeva già il suo ironico stupore e udiva la sonora risata che forse le sarebbe sfuggita a meno che, peggio ancora, lei non assumesse un atteggiamento tipo «io ti guarirò».

No, era fuori discussione. Non poteva parlarne, doveva vedersela da solo con l'ansia e racimolare il coraggio necessario per superare i momenti difficili sicuramente in agguato nel discreto, maledetto ristorantino appena fuori città.

Arrivò all'appuntamento madido di sudore. «Sei strano» osservò lei inconsapevolmente impietosa. «Hai un'aria stravolta.» Marco era convinto che dal di fuori il suo malessere non si potesse vedere, sicché le improvvide osservazioni della ragazza accrebbero il suo disagio e per la prima volta sentì un improvviso guizzo di antipatia per quella petulante creatura che pure gli piaceva tanto.

Il ristorante era davvero raffinato e accogliente: colori tenui, tavoli apparecchiati con cura, musica di Mozart in sottofondo, proprio un bel posticino.

Ignorando ogni regola di cavalleria Marco non le permise di scegliere: volle un tavolino seminascosto da enormi piante di kenzia. Il locale era ancora quasi vuoto e il loro era forse il posto meno confortevole tra quelli liberi. Ma lui fu irremovibile.

Ornella ammiccava con ironia: «È per farmi piedino che hai voluto nasconderti qui dietro?». Di nuovo fu infastidito dalla sua leggerezza. Come poteva far la cretina in quel modo, mentre lui stava passando l'inferno? Certo non poteva immaginare quello che gli ribolliva dentro: ma infine lui si era messo in quella penosa situazione solo per accontentarla: poteva stare più attenta, no?

Venne il cameriere portando due eleganti cartelle con il

menù. Marco si consolò constatando che c'era una scelta amplissima di piatti. Lo sfondo pastello della tappezzeria aveva un che di pacificante e le spesse foglie della kenzia gli facevano un gradevole «effetto tana». Ma il libero corso del suo ottimismo ebbe una brusca battuta d'arresto.

«Spaghetti al cartoccio?» cinguettò Ornella rivolta al cameriere. «Mai mangiati... mi incuriosiscono...» Marco non ebbe nemmeno la forza di stupirsi: lo sapeva che di tutto il bendiddio offerto dal menù quella *stolta* avrebbe scelto proprio quel piatto. Cercò di dominare il panico: «No, spaghetti proprio no!» scattò quasi urlando. Il cameriere e Ornella lo guardarono sbalorditi. Lui per mascherare il tremito delle mani appallottolava il tovagliolo come un foglio di carta da buttare nel cestino. Si sforzò di sorridere. «Non posso accettare» spiegò con voce forzata «che in una sera speciale come questa tu prenda un piatto banale come gli spaghetti.»

Ma non fu abbastanza convincente, forse per il divario che c'era tra le sue parole e il tono astioso con cui le aveva pronunciate.

«Ma non si tratta di banali spaghetti» replicò amabile la ragazza. Se era indispettita non lo dimostrava. «Sono al cartoccio, un piatto elaborato che mi ingolosisce.» Poi con aria di sfida chiuse il menù, vi posò sopra la mano con un gesto imperioso e ordinò: «Cartoccio per due!».

Marco respirò a fondo e sorrise mentre lei spostava la mano dal menù per accarezzare la sua che intanto si era fatta gelida. Sospirò con finta compiacenza. Poi si alzò con calma: «Scusa un minuto» mormorò allontanandosi. Il guardaroba era in un vano attiguo al bagno al riparo dagli occhi indiscreti. Prese il cappotto e uscì.

L'aria fredda e l'idea di allontanarsi dal quel luogo diabolico gli fecero subito bene. Non si sentiva in colpa, nemmeno un po'. Stava troppo male per restare di fronte a Ornella così beatamente ottusa ed era impensabile dirle la verità. Provò a immaginare la faccia di lei nel momento in cui si sarebbe resa conto che il suo cavaliere si era volatilizzato. Forse stava accadendo in quel momento. Che farà dei suoi stramaledetti cartocci di pasta? Ingollerà le due porzioni da sola? Fu colto da un brivido al solo pensiero. Nonostante si sentisse particolarmente aggressivo nei confronti di Ornella, non poteva reggere l'immagine di lei strafogata dagli spaghetti. Povera ragazza, non meritava assolutamente di essere trattata in quel modo. Ma non gli aveva dato altre possibilità.

Con che coraggio le avrebbe detto: «Ho un'invincibile paura degli spaghetti»?

Ma era proprio così: quei rivoltanti serpentelli viscidi e unti non poteva mangiarli né vederli mangiare. Gli suscitavano pensieri orribili e un'angoscia tormentosa. Mentre li guardava, così sguscianti e scivolosi, aveva l'impressione che vivessero di vita propria, immaginava che una volta entrati in lui si sarebbero annodati tra loro e, attorcigliandosi alle sue viscere con forza soprannaturale, le avrebbero strette tanto da procurargli una morte atroce e misteriosa. Quell'impressione diventava tanto più penosa e intollerabile se a mangiare di fronte a lui c'era una signora. Forse perché le donne quando mangiano sono così allusive e cariche di sottintesi. Sgranano gli occhi, mugolano di piacere. Insomma con i commensali uomini riusciva a controllare meglio la sua angoscia, ma con le signore tutto gli diventava molto più difficile.

In fondo il suo poteva anche non essere un problema: bastava eliminare dalla sua tavola il cosiddetto piatto nazionale. Ma per sua disgrazia il ristorante era diventato una sorta di tempio moderno dove si celebravano tutti i riti sociali, gli affari, gli incontri di lavoro, i preliminari amorosi. E questo gli complicava la vita. Per le donne aveva inventato un espediente che a suo tempo gli era parso geniale. «Sono un ottimo cuoco» si vantava. «Non verresti a cena da me?» E chissà perché quelle frivole beltà, per quanto libere ed emancipate, interpretavano quasi sempre il suo invito come la proposta di un satiro che si candidava grossolanamente per brutali amplessi saltando a piè pari la «tassa» rappresentata dalla cenetta in un bel locale, magari a lume di candela.

Le più generose di loro raccontavano in giro che era avarissimo e non voleva spendere i soldi del ristorante.

Non ricordava da quanti anni la paura degli spaghetti si fosse insediata in lui. Sapeva per certo che da bambino li aveva mangiati regolarmente. A volte ripensava a un sogno ricorrente di cui suo padre si lamentava spesso: sognava di avere un pezzo di spago in bocca e di rendersi conto, nel tentativo di liberarsene, che era interminabile e che per quanto tirasse non sarebbe mai riuscito ad arrivare all'altro capo. Sua madre ironizzava sul disagio che quel quasi-incubo procurava al marito: «La verità è che sei un pozzo senza fondo», rideva alludendo alla sua voracità. Altre volte invece domandava ridendo: «Ehi, non sarò io per caso, quello spago? Se è così il tuo sogno è giusto: non riuscirai a liberarti di me!». Ora, alla luce di quanto era accaduto in seguito, gli scherzosi discorsi della mamma assumevano la luce sinistra di un presagio. Quando lei era morta dopo una lunga, straziante malattia, il marito non aveva retto al dolore e alla prospettiva della solitudine ed era stato stroncato da un infarto il giorno stesso del funerale.

Se ripensava all'inquietante sogno di suo padre, Marco sentiva che c'era un'innegabile analogia tra quel racconto, che da piccolo lo impressionava tanto, e la sua ansia attuale. Solo che suo padre sognava di voler tirare fuori lo spago, mentre lui era atterrito all'idea di far entrare in sé i malefici spaghetti che l'avrebbero certo legato e soffocato.

Se la mamma, scherzando, aveva detto inconsciamente la verità, e lo spago era stato davvero, per suo padre, il simbolo della vita coniugale, di una situazione stabile nella quale si sentiva ineluttabilmente prigioniero, per lui, pensava Marco, gli spaghetti potevano forse rappresentare le donne, tutte le donne che lo trovavano simpatico e attraente e che nei modi più subdoli cercavano di avvilupparlo e soffocarlo nelle spire del matrimonio.

Questo, Marco lo pensava subito dopo una crisi poi, come il ricordo impallidiva, si diceva stizzito che erano idee balorde. Di solito preferiva non avanzare ipotesi e quanto al suo problema con gli spaghetti progettava di trasferirsi all'estero dove evitando i pochi ristoranti italiani avrebbe potuto condurre una vita rilassata e senza paure.

La strada di casa

Il vecchio bar, quello in cui suo padre era solito trovarsi con gli amici, era ancora lì, con la sua insegna malandata e i quattro tavolini sul marciapiede. Fu tentato di entrare a bere qualcosa, ma si trattenne, temendo assurdamente che, dopo tanti anni, qualcuno potesse riconoscerlo e fargli discorsi imbarazzanti. Così continuò a camminare pensieroso e attento. Si guardava intorno con una curiosità velata di malinconia. Tutta la strada aveva un'aria antica e a Marcello pareva, percorrendola, di assistere alla proiezione di un vecchio film in bianco e nero di cui era spettatore e interprete.

Stava bene, per una volta sembrava che l'ansia gli desse tregua. Già la mattina, svegliandosi, si era sentito meglio del solito e per qualche oscuro motivo, forse per un sogno subito dimenticato, gli era venuta voglia di uscire. Non gli accadeva da mesi di mettere il naso fuori casa senza un motivo pratico come far la spesa o andare dal medico. L'improvviso sollievo di trovarsi all'aperto senza ansia, senza bisogno di qualcuno che gli stesse al fianco, gli diede una strana, piacevole sensazione di ebbrezza. Guardò alla sua destra la piazza che fino al giorno prima aveva considerato l'estremo limite delle sue rarissime passeggiate. Oggi voglio superare il confine, annunciò a se stesso, eccitato, voglio attraversare piazza Manin e andare oltre, da solo. Pensava che un proposito così solenne, visto dall'esterno dovesse apparire ridicolo e penoso. Sei proprio mal ridotto, rifletteva, sei arrivato a quasi quarant'anni e ti gonfi d'orgoglio perché forse riuscirai ad attraversare la piazza sotto casa. Decise di non lasciarsi abbattere dal suo spirito autodistruttivo e si abbandonò al piacere di quella insperata prova di coraggio. Superò la piazza e continuò a camminare osservandosi attentamente. Una via dopo l'altra, una piazza, un incrocio, un vicolo, poi di nuovo una piazza. Andava in pace: non aveva paura e non succedeva niente. Fu così che si trovò nel quartiere della sua infanzia. Non tornava in quella zona da quasi vent'anni. Quando si era sposato sua moglie aveva voluto una casa vicino a quella dei propri genitori e qualche anno dopo Marcello aveva convinto anche sua madre a vendere il vecchio alloggio e a trovare un appartamento più piccolo nella sua stessa via. Così, quasi di colpo, erano cessati tutti i rapporti con quella parte della città e della sua vita che pure gli era sempre stata molto cara. Superò il negozio del fornaio per arrivare davanti alla scuola elementare. Si fermò a guardare quel palazzotto che a suo tempo gli sembrava enorme e aspettò che l'ansia rompesse gli argini. Ma tutto era tranquillo. Allora si spinse più avanti, fino al numero civico 24 che era stato il primo e più importante indirizzo della sua vita. «Sono a casa» pensò con profonda emozione e immaginò che quel pellegrinaggio lo avrebbe magicamente affrancato dalla nevrosi.

Tutto era cominciato circa un anno prima quando, dopo un'influenza che lo aveva costretto a letto per qualche giorno, si era reso conto di aver paura di allontanarsi da casa.

Subito, naturalmente, non si era preso sul serio e aveva trovato molte scuse perché non riusciva proprio ad accettare che un uomo coraggioso e pieno di risorse come lui fosse colto da un disturbo così assurdo e «femminile». Aveva dovuto, in pochi mesi, affrontare prove difficili e dolorose: a distanza di pochissimo tempo c'erano state la separazione dalla moglie, che se ne era andata con un altro, e la morte della madre. È logico che ci si senta in ansia in circostanze simili. Ma proprio l'ansia, da sintomo generale e vago, si era fatta molto definita e concreta. Se restava a casa o nella ristretta zona circostante, tutto andava bene. Se invece, a piedi o con l'auto, per motivi di svago o di lavoro, si allontanava dalla sua strada e dai luoghi che gli erano familiari, era colto da attacchi di panico incontrollabile. A volte si paragonava a uno di quei cani che i contadini tengono nell'aia: legato a una catena lunga che permette loro anche di lanciarsi in corse sfrenate, ma solo entro limiti rigidamente prestabiliti. Se faceva un passo in più qualcosa lo afferrava alla gola e gli impediva di proseguire.

Eppure Marcello non si sarebbe definito un uomo infelice, anzi la solitudine gli stava addosso come un abito tagliato su misura. Aveva fatto fiasco in tutti i rapporti importanti della sua vita. E non voleva riprovarci. Come marito probabilmente era stato una frana: per anni non aveva capito l'insoddisfazione della moglie e non aveva dato nessuna importanza alle sue continue lamentele. Ricordava come una specie di incubo le volte in cui lei gli chiedeva di parlare. «Non parliamo mai» protestava querula, e allora lui si sforzava di dire qualcosa. Ma doveva constatare con grande disagio che c'è una bella differenza tra dover dire qualcosa e avere qualcosa da dire. Anche quando facevano l'amore e tutto andava per il suo verso, dopo lei voleva sempre il «dialogo». E Marcello non capiva perché se per lei era tanto importante parlare si aspettasse che fosse lui a dire delle cose. Poteva essere un ottimo ascoltatore, ma evidentemente la sua compagna voleva aver vicino un abile conversatore. E alla lunga l'aveva trovato. Chissà quanto parlano adesso, si diceva Marcello, amaro. E sapeva che non avrebbe mai più voluto trovarsi né con sua moglie né con altre donne nella condizione di dover parlare senza aver niente da dire.

Con sua madre, soprattutto negli ultimi anni, non era andata meglio. Era diventata pettegola e lamentosa: non riusciva più a trattenersi dal criticare la nuora, anche se Marcello, ogni volta, la zittiva in malo modo.

«Ora che ti permetterei di dirne tutto il male possibile, mi hai lasciato anche tu» la rimproverava mentalmente, ricordandola, la sera prima di dormire. Ma era solo un pensiero ironico, formulato senza dolore e senza nostalgia. Qualche volta aveva cercato di capire se sua madre aveva qualche responsabilità nel fallimento del suo matrimonio. Era stata lei a educarlo al riserbo, al controllo assoluto delle emozioni, a un ritegno che somigliava molto all'aridità. Ma non era giusto cercare responsabili esterni ai propri errori. Si era abbandonato a tutti quei pensieri mentre stava impalato sotto la sua vecchia casa. Non aveva nemmeno alzato gli occhi a guardare le finestre, gli sarebbe sembrato un gesto indiscreto, come curiosare nella vita altrui. Continuava a dispetto della malinconia a sentirsi bene, ma non poteva stare inchiodato lì ancora per molto. Una voce argentina e sorpresa gli arrivò improvvisa alle spalle: «Marcello! Marcello Bassi!». Si irrigidì con uno spavento del tutto sproporzionato alla causa e restò immobile illudendosi infantilmente, per un attimo, che se si fosse rifiutato di guardare non sarebbe stato visto. Ma la donna gli si parava già davanti: «Ah! Non mi son sbagliata, sei proprio tu! Ma che fai? Non ti ricordi di me?». La ricordava benissimo: Esterina era inconfondibile per la sua rara bruttezza. Non era cambiata, osservò mentre si sforzava di improvvisare una reazione adeguata all'incontro. I capelli dell'antica compagna di scuola erano di un altro colore, ma sempre stopposi e disordinati. La pelle era piena di punti neri, esattamente come allora, e il sorriso sembrava particolarmente futile perché i denti erano divisi da piccoli spazi vuoti. Fu la prima cosa che riuscì a dirle, forse nemmeno troppo gentilmente. «Hai sempre le finestrelle nei denti!» Lei portò istintivamente la mano a coprirsi la bocca, ma sembrò felice di quel ricordo. Esterina aveva coltivato speranze su tutti i ragazzi del quartiere, anche su di lui. Nessuno l'aveva voluta, Marcello ricordava con qualche disagio di aver partecipato spesso agli scherzi crudeli che gli altri ragazzi le facevano. Le inventavano misteriosi corteggiatori, le telefonavano dichiarazioni d'amore con voci artefatte, le mandavano lettere d'amore ardenti e sdolcinate. Con Esterina il divertimento era assicurato perché lei si beveva proprio tutto. Quando riceveva le false lettere o le improbabili telefonate circolava con gli occhi sognanti e parlava ignara alle ragazze, complici degli odiosi complotti, di nuovi sconosciuti adoratori. Era romantica e gentile e anche adesso, a distanza di anni, sembrava pronta a credere a qualsiasi perfida bugia. Forse, pensò Marcello osservandola , la sua credulità era una risorsa. Ogni volta che le si rinnovava la speranza Esterina viveva un po' meglio.

«Sto con mia madre» diceva intanto lei. «È vecchia e malata, ma almeno ho qualcuno. Quando se ne andrà resterò sola al mondo.» Era un racconto come tanti, e per giunta ampiamente prevedibile. Ma lui avvertì come una scossa. E l'ansia, implacabile, vischiosa, assurda, lo invase. Guardava attonito la brutta signora che aveva di fronte e cercava disperatamente di riprendere il dominio di sé. Fu costretto a invitarla al bar, pur temendo nuove ondate di ricordi e altre impreviste emozioni.

Era stata la constatazione di essere «solo al mondo», persino più solo di Esterina, che lo aveva tradito. Ora non riusciva più a raccontarsi che il suo unico problema era la sua bizzarra «malattia».

«Appena guarito,» si diceva «potrò riprendere la mia vita come prima.» Ma si teneva ben stretta la sua paura perché in realtà la usava per proteggersi. Non aveva mai voluto andare da uno specialista: «Non ci credo, dottore» diceva al suo medico che lo esortava a consultare uno psicologo. «E poi non ne ho bisogno. Io i miei problemi li conosco, non è il caso di farmeli spiegare da un estraneo.»

Quella mattina, poi, aveva avuto il grande trionfo di vincere il suo sintomo: era riuscito a spingersi ben oltre i soliti confini e si era consolato. «Se questa volta ce l'ho fatta,» pensava compiaciuto «vuol dire che non sono poi così malato e che il mio disturbo non durerà a lungo.» Era un alibi in più per aspettare che il problema si risolvesse da solo, che la sua paura svanisse misteriosamente com'era cominciata.

Eppure sentiva di essere stato spinto nel suo vecchio quartiere da una forza strana e vi era arrivato senza averlo previsto. Perché l'ansia non l'aveva assalito? Forse perché nella vita aveva avuto due case e in quella antica era stato più felice che in quella nuova. Era riuscito ad allontanarsi dalla sua strada solo perché le gambe lo portavano verso una via che per lui era stata più sicura e amica. Aveva camminato a lungo per ritrovarsi nei luoghi della sua infanzia, ma non aveva previsto l'incontro con Esterina, la persona più emarginata e sola che avesse conosciuto.

Ora la guardava con una specie di curiosa ingordigia: lei aveva provato la solitudine e il fallimento fin dall'età in cui di solito si è felici e spensierati. Come aveva fatto a vivere senza panico, con quali segrete armi aveva combattuto la paura e l'angoscia?

Esterina rideva compiaciuta ricordando episodi lontani: «Ti portavo sempre i bigliettini amorosi di Marina e morivo di dolore perché ero innamorata di te...». Marcello era madido di sudore, ma il fatto che lei non si accorgesse del suo acuto malessere, stranamente lo rinfrancava un po'. «Se lei non se ne accorge,» si diceva «significa che non sto poi male come credo.» E invece di scappar via se ne stava lì, seduto in quel bar cadente e grigio, sperando che la brutta Esterina continuasse a parlare ancora e ancora e ancora...

Se mangio non guardarmi

Il giorno del funerale di suo padre, Marta Mauri non volle restare a casa. Approfittò della folla di parenti e amici venuti a confortare sua madre e uscì con Giulia, la sua compagna d'infanzia. La cerimonia era stata breve e composta. Alle undici tutto era finito.

Le due ragazze passeggiarono un po' sul lungomare e Marta era stupita di non sentirsi angosciata come nei giorni precedenti. Quando il medico in ospedale le aveva comunicato la morte del padre, era stata colta a tradimento da un sentimento più simile al sollievo che alla disperazione. Finalmente per lui finivano le sofferenze lancinanti e per lei l'angoscia della catastrofe incombente. «Ecco,» si era detta «ora non hai più nulla da temere: il peggio è accaduto.» Giulia le camminava a fianco chiacchierando a raffica: probabilmente si era imposta di non tacere un attimo per il timore di quello che avrebbe potuto evocare un improvviso silenzio. Cercava argomenti leggeri e frugava nei suoi ricordi personali. Da bambine giocavano nella falegnameria del defunto signor Mauri con dei pezzi di legno avanzati che lui teneva da parte proprio per loro. Spesso trovava anche il tempo di fabbricare giocattoli sotto i loro occhi incantati. Sembrava una magia veder uscire dalle sue mani, abili e veloci, minuscoli tavolini corredati da sedie altrettanto minuscole, oppure schiere di graziosi animaletti.

La mattina era fresca, ma limpida e soleggiata, il mare scintillava pacato. Si trovarono davanti a un piccolo ristorante che frequentavano in passato. Fu Giulia a proporlo: «Mangiamo un boccone da Luigi?».

Marta trovò naturale quell'invito. Entrando fu molto confortata dall'atmosfera calda e cordiale della piccola trattoria. Scoprì di essere affamata e consumò un pranzo completo, dall'antipasto al dolce, assaporando ogni cosa con un piacere e una golosità che non provava da tempo. Si sentiva stranamente calma e, se la cosa non fosse stata assurda, avrebbe detto di essere invasa a tratti da una lieve euforia. Naturalmente tutto cambiò al suo rientro a casa dove non solo fu riafferrata crudelmente dalla realtà della perdita subita ma dovette sostenere un'imprevista scenata della madre. «Come hai osato?» le urlava la vecchia signora con voce rotta. «Come hai potuto fare questo affronto alla memoria di tuo padre? E che dirà la gente, se qualcuno ti ha visto al ristorante, mentre quel pover'uomo è ancora caldo nella tomba?»

Marta pensò con orrore che forse sua madre aveva ragione, che aveva dimostrato una leggerezza imperdonabile e cadde in una depressione profonda.

Il padre era stato l'uomo più importante della sua vita. C'era sempre stata fra loro una complicità gioiosa e trasgressiva. Lui era pronto ad associarsi a ogni sua birichinata e gli piaceva molto «disobbedire» con lei e persino raccontare qualche innocua bugia alla mamma che era astiosa e intransigente e trovava da ridire su tutto.

Più volte, nei giorni di lutto, Marta si sentiva suo malgrado afferrare da un pensiero terribile: come saremmo stati bene noi due se a morire fosse stata la mamma.

Tornò al lavoro circa un mese dopo: il medico le aveva detto che la depressione si sarebbe attenuata se avesse ripreso la vita di sempre. E aveva avuto ragione: il tempo passava più veloce e il contatto con la gente la costringeva a occuparsi di altre cose oltre che della sua afflizione. Ma fin dal primo giorno di lavoro, al momento di scendere a pranzo le accadde un fatto nuovo e allarmante. L'azienda per la quale lavorava era convenzionata con un piccolo ristorante: ogni giorno, nell'intervallo, lei vi andava con il gruppo di colleghi ai quali era più vicina. Ma quella mattina già uscendo dall'ufficio fu colta da un'ansia incomprensibile e sempre più forte.

Sulla soglia del ristorante sbiancò e si sentì precipitare in un vortice d'angoscia. La riaccompagnarono in sede dove si placò immediatamente. Questo fu l'inizio della sua invincibile fobia per i pranzi consumati in presenza di altri. Nei giorni seguenti cercò di vincere la sua bizzarra paura ma gli attacchi d'ansia erano così violenti che dovette adattarsi a mangiare seminascosta nell'antibagno dell'ufficio. Quando tutti scendevano a pranzo lei prendeva il suo gavettino da muratore e consumava il pasto con gesti furtivi, trasalendo a ogni rumore come se temesse di essere scoperta a fare qualcosa di sconveniente.

L'unica persona di cui accettava la presenza mentre mangiava era la madre, alla quale inizialmente non aveva fatto parola del problema. Fu costretta a parlargliene poco prima delle vacanze di Natale, quando i parenti a gara cominciarono a invitarle per far gravare meno su di loro la solitudine e il rimpianto che quel clima festoso avrebbe certamente accentuato. Le disse di non accettare nessun invito e le spiegò il suo strano disturbo. Poi, per prevenire l'incredulità e l'ironia di cui la mamma era solitamente prodiga, la inchiodò accusandola: «Tutta colpa tua, mammina» e dicendolo provava una sconcertante animosità. «Ricordi la scenata che mi hai fatto il giorno del funerale perché ero andata a pranzo con Giulia? Mi hai messo dentro un tale senso di colpa che non potrò mai più avere una vita normale.»

La signora Mauri non era donna da farsi abbattere da accuse che riteneva infondate. «È che sei debole di nervi, figlia mia» replicò. «Faresti meglio a trovarti un fidanzato invece di continuare a comportarti come la principessa del pisello!» Dopo di che, sicura di aggirare l'ostacolo, decise di far venire tutti a casa sua, le sorelle i cognati e i nipoti.

Alle loro proteste diede una spiegazione logica e convincente: «Mi distraggo di più se sono impegnata a cucinare per tanta gente...».

Ma non aveva capito nulla. Glielo urlò istericamente sua figlia quando fu messa al corrente di quello che alla signora Mauri era sembrato un colpo di genio. Marta dovette inventare un attacco d'influenza e si rintanò a letto mentre dalla sala da pranzo le arrivava il classico acciottolio di stoviglie accompagnato da scoppi di voci e da qualche cauta risatina. Si sentiva strana e infelice: la sua vita era davvero cambiata. Niente più pizzeria al sabato sera, nessun invito a cena, nessun weekend fuori città. E le vacanze estive anziché in albergo con gli amici le avrebbe trascorse in qualche anonimo appartamento con la madre. Ormai il sintomo si era stabilizzato: si vergognava di consumare il cibo in presenza di qualsiasi persona che non fosse la madre. Bel risultato, pensava furiosa, la mamma è riuscita a rendermi dipendente da lei come non ero mai stata prima. Con quest'assurda paura resterò eternamente attaccata alle sue gonne e lei si sarà assicurata la mia compagnia che mi piaccia o no. Questa illuminazione la eccitò moltissimo, fu presa da un gran desiderio di rinfacciare alla madre tutto quello che ormai le sembrava lampante e quando finalmente gli ospiti se ne furono andati, la raggiunse in cucina e le sciorinò con livore la sua recente scoperta. La povera signora subì quella nuova aggressione senza batter ciglio, apparentemente calma e serena. Mentre la figlia, diventata ormai più querula che aggressiva, continuava la sua sceneggiata, mise su un pentolino d'acqua e le preparò una camomilla. Poi, non contenta, la costrinse a ingoiare una pastiglia di valeriana. Marta si era fatta stranamente passiva, e buttava giù tutto pur continuando a protestare: «Non sono un'isterica, non sono malata! Sei tu che mi hai rovinato la vita!».

Qualche giorno dopo, ripensando a quella scenata, Marta si rese conto che, al di là delle ragioni che l'avevano spinta, c'era stato nel suo comportamento qualcosa di eccessivo, perfino di squilibrato. Certo era profondamente convinta di quello che aveva detto alla mamma, ma ci sono tanti modi per dire le cose e lei aveva scelto il peggiore. In più cominciava a serpeggiarle dentro l'idea che il suo contegno fosse davvero poco normale e che avrebbe forse avuto bisogno di uno specialista. Ma non se lo poteva permettere, no, non per motivi economici, ma perché riteneva inutile consultare un medico se poi non poteva dirgli tutta la verità. E Marta sapeva che non sarebbe mai riuscita a rivelare a nessuno il suo «vizio» segreto. Da ragazzina, quando si confessava, usava la comoda formula degli «atti impuri», ma a un dottore avrebbe dovuto dire chiaro e tondo che si era masturbata per anni e che per anni quel vizio le era sembrato più forte di lei, a dispetto di tutti i buoni propositi. A ventisette anni non era ancora riuscita ad avere una vera storia con un ragazzo. Non che le mancassero i corteggiatori, ma a lei non ne piaceva nessuno. Ogni volta che usciva con qualcuno la sera, si divertiva a raccontare tutti i particolari dell'incontro ai genitori, in particolare al padre. E lui era bravissimo a cogliere anche dalle inezie gli aspetti ridicoli degli aspiranti fidanzati. Marta non era mai riuscita ad accettare nessun tipo di avance dai suoi pretendenti, ma le sue soddisfazioni solitarie la facevano sentire tanto più in colpa quanto meno era in grado di rinunciarvi. C'era voluto un trauma forte come il lutto recente perché riuscisse a liberarsi da quel torbido impulso. Davanti al letto di morte aveva promesso solennemente al padre che non avrebbe mai più ceduto a quella voglia insana. E proprio adesso che si era liberata di un problema ne era spuntato un altro. Certo non era un'azione turpe, ma mangiare di nascosto le procurava un'ansia soffocante, quasi un'oscura vergogna proprio quando aveva finalmente la possibilità di starsene tranquilla.

Anche se ormai ne poteva parlare al passato, non se la sentiva assolutamente di raccontare a un estraneo una parte tanto intima della sua vita. Ma forse un bravo medico sarebbe riuscito a spiegarle la sua paura di mangiare sotto gli occhi altrui senza bisogno di sapere proprio tutto di lei. Alla fine, prima di riuscire a decidere qualcosa accadde un fatto nuovo.

Una mattina, appena arrivò al lavoro, Giulia le telefonò: strano, pensò Marta, non mi chiama mai in ufficio.

La sua amica non aveva nulla d'importante da comunicarle, parlava in modo vago del più e del meno e anche questo non era normale. Pratica e sbrigativa com'era, Giulia tendeva a fare telefonate brevi e concrete. Ma quel giorno chiacchierava a vuoto come se né lei né Marta avessero altro da fare. Finché, spinta forse dal silenzio e dalle esitanti risposte dell'amica, si decise: «Ho parlato con tua madre. Mi ha detto tutto». «Ah» fece Marta, senza stupore e senza calore. Giulia non si lasciò impressionare. «Naturalmente mi ha fatto giurare che avrei finto di non saperlo, ma figurati se ti faccio una cosa simile. Piuttosto mi è venuta un'idea. All'una ti vengo a prendere e te ne parlo.» E riattaccò prima che lei potesse sollevare obiezioni.

Marta era preoccupata e insieme contenta. Le faceva piacere l'idea che una ragazza positiva e forte come Giulia, legata a lei da sincero affetto, prendesse le redini di una situazione che si andava facendo sempre più inquietante e misteriosa. D'altronde le sembrava molto difficile che, con tutta la buona volontà di aiutarla, Giulia riuscisse a capirci qualcosa. Eppure «l'idea» di cui le aveva fatto cenno per telefono le sembrò molto buona quando l'altra gliela illustrò.

«Torniamo sul luogo del delitto» propose Giulia. «Andiamo insieme a pranzo da Luigi come il giorno del funerale di tuo padre. Se tutto è cominciato là, forse, rifacendo la stessa cosa, troveremo una spiegazione.» Fin da bambina Marta era affascinata dalla forte personalità dell'amica: quando decideva di fare una cosa, Giulia partiva sempre lancia in resta. Non aveva incertezze, non conosceva le mille paure che invece affliggevano lei. A Giulia andava quasi sempre bene, sicché Marta si era convinta che l'esito buono o cattivo di quello che si intraprende dipende completamente dalla nostra capacità di affrontarlo. Giulia era felice perché aveva deciso di esserlo. E lei non poteva star bene perché, tutto sommato, pensava di non meritare la felicità.

Sulla porta del ristorante Marta fu colta dalla solita crisi di panico. Impallidì e fu assalita da un caldo innaturale. Le mani le tremavano e piccole stille di sudore le imperlavano la fronte e il labbro superiore.

Giulia non si lasciò impressionare. «Non importa» disse decisa. «Fatti forza ed entriamo lo stesso.»

Lei la seguì docilmente, ma si sentiva morire. Guardava Giulia con occhi supplichevoli. «Andiamocene, ti prego!» L'altra scorreva assorta il menu: «Ti ricordi per caso cos'abbiamo ordinato quel giorno?» domandò con naturalezza. Poi senza aspettare risposta restituì la cartellina al cameriere: «Due gnocchi al pesto!» disse. A quel punto, finalmente si voltò verso l'amica angosciata. Posò le braccia sul tavolo e intrecciò le dita: «Non è possibile che all'improvviso una si vergogni di mangiare davanti agli altri. Si nasconde chi fa cose sbagliate o intime. La pipì non la puoi fare in pubblico e nemmeno il sesso...». Scoppiò a ridere, beata lei che ne aveva voglia. «Oh povera Marta» esclamò allegra. «Ha scambiato il mangiare col far l'amore!» Marta fu come investita da una violenta ondata. Annaspò, le si mozzò il fiato, arrossì cupamente e cercò con tutte le sue forze di respingere la sconcertante verità che Giulia buttava là come una specie di barzelletta. Più che un'amica le sembrò di avere davanti una veggente, una ladra dei suoi segreti più riposti. Non fece commenti, finse di frugare in borsetta cercando qualcosa, nella speranza che l'altra non insistesse sull'argomento.

«So che quello che ti dico te lo sei già detta da sola» continuò Giulia più seria. «Ma tanto vale che te lo ripeta anch'io. Scusa, che fai di male se mangi? Anche se siamo venute qui il giorno del funerale di tuo padre non abbiamo fatto nulla di sconveniente...»

Ma l'altra ormai non ascoltava più, era persa dietro ai suoi pensieri e all'improvviso intravide una spiegazione. È possibile, pensava Marta col cuore in gola, sì è più che possibile. Ho trasferito la vergogna per le mie squallide attività sessuali sull'innocente atto di mangiare...

Doveva dire qualcosa, prima che l'angoscia dilagasse. E cercò di distrarre Giulia con un ragionamento capzioso. «A volte penso che questo strano disturbo me l'abbia procurato indirettamente mia madre per tenermi legata a lei, ora che papà è morto» disse tutto d'un fiato.

Seguì un lungo silenzio. Aveva le membra contratte, sentiva freddo e desiderava solo tornarsene in ufficio. Giulia rifletteva pensosa. «Forse è come dici tu» rimuginò, dopo un breve silenzio. «Ma, guarda che strano, io avevo pensato esattamente il contrario.»

Marta era dibattuta tra la paura di nuove inquietanti rivelazioni e la curiosità di conoscere il punto di vista diverso e forse più obiettivo dell'amica. Cedette al secondo impulso: «Il contrario? In che senso?».

«Forse è una grande cretinata, ma per me tu ti sei inventata quest'ansia per isolarti. Con la paura di mangiare in presenza di estranei ti metti nelle condizioni di non incontrare mai un uomo che ti piaccia e di commettere così un tradimento postumo verso il tuo papà. Sai quanto bene gli volevo anch'io, però ho sempre pensato che il vostro legame fosse troppo forte. E oggi tu non vuoi ancora staccarti da lui.»

«Può essere... Può essere... Può essere... Può essere...» Come un disco inceppato Marta sentiva i suoi pensieri ripetere sempre lo stesso concetto. Adesso aveva davanti a sé tante verità; tutte credibili e convincenti. Era sua madre che voleva trattenerla o invece era lei che s'inventava un modo onorevole per non uscire più di casa?

Si sentiva in colpa per aver festeggiato con un lauto pranzo la dipartita di suo padre o cercava di mascherare con la sua paura di mangiare in presenza di terzi le angosce di una sessualità colpevole? Forse, con calma, sarebbe riuscita a verificare le troppe facce della stessa verità e a ordinarle senza aiuto, una dopo l'altra. Ma adesso doveva decidersi a mangiare il suo piatto di gnocchi, prima che diventassero freddi.

Il successo ha preso il volo

Ancora un cassetto. L'ultimo finalmente. È incredibile la quantità di carta che si riesce ad accumulare in pochi anni. Pochi?... Nove, ma passati così velocemente da sembrare un soffio. Sembra ieri che ho cominciato a lavorare per Claudio. «Il dottor Marini ti vuole come sua segretaria personale» mi aveva detto con adeguata solennità il mio capufficio. Si trattava di un avanzamento importante: Claudio Marini era il responsabile delle pubbliche relazioni e per me era una specie di sogno essere stata scelta da uno dei personaggi più potenti dell'azienda.

E adesso Marini va negli Stati Uniti a coprire un ruolo ancora più prestigioso di quello che aveva in Italia e io vuoto con inevitabile malinconia il suo elegante ufficio. In mezzo a queste carte che vado puntigliosamente ordinando in tante cartelline azzurre ho trascorso gli ultimi nove anni della mia vita, un periodo intenso, ricco di novità, di gratificazioni e di riconoscimenti. Claudio è stato un buon capo e io credo di essere stata una collaboratrice efficiente se non proprio «preziosa» come piace dire a lui. Non faceva mai nulla senza prima consultarmi e spesso trasformava i miei consigli in idee vincenti e in iniziative di successo. Siamo diventati molto amici e fortunatamente abbiamo evitato le possibili complicazioni sentimentali perché entrambi stavamo vivendo due storie d'amore brucianti e quasi magiche. Non so nulla del mio destino di lavoro e anche se non ho particolari timori sono inquieta. Forse decideranno di lasciarmi al mio posto e sarò la segretaria particolare di chi verrà a sostituire Marini, oppure mi sposteranno in un altro ufficio. Non è piacevole sentirsi sospesi, ma mi rassicura il fatto che Claudio parteciperà direttamente alle decisioni che mi riguardano. Tiro giù da uno scaffale le agende del mio capo: mi ha sempre un po' stupito la sua innocua mania di conservare negli anni tutti i quaderni degli appuntamenti. Chissà se vorrà portarseli fino a Philadelphia. «Ogni agenda, anche la più anonima, conserva segni della tua vita» dice. «È come tenere un album di vecchie foto.» In effetti, aprendole a caso trovo nomi e indirizzi che fanno riaffiorare ricordi e nostalgie. Roma, Vienna, Parigi, Londra: quanto ha viaggiato quest'uomo! E dietro ogni viaggio c'era la mia attenta regia, i miei suggerimenti, le mie previsioni. Rischio un'indebita commozione, ma per fortuna squilla il telefono. «Dottoressa Albini,» mi dice una calda voce maschile «se non è troppo impegnata il presidente vorrebbe vederla in sala riunioni.» Il presidente? Il big boss arrivato dagli Usa vuol vedere proprio me?

Mi prende un'incontenibile agitazione. Mi attacco disperatamente al telefono: voglio parlare con Claudio prima di presentarmi a una convocazione così perentoria e allarmante, almeno per me. Ma lui non è a casa e ha il telefonino spento. Bell'amico!

Non è mai successo che il presidente si sia occupato dei problemi del personale, quindi non è per parlarmi della mia destinazione futura che mi vuole. L'ansia mi divora. Licenziamento! Forse mi licenziano perché costo troppo: nel corso degli anni Claudio ha preteso per me uno stipendio molto più alto di quello delle altre segretarie. E adesso che lui se ne va mi vorranno scaricare. So benissimo che è un'ipotesi assurda, comincio a pensarci quasi per scherzo, ma poi l'idea mi prende la mano e subdolamente mi convince. Certo che è possibile: c'è o non c'è una grave crisi anche nel nostro settore? Continuo a cercare senza esito Claudio al telefono e intanto faccio il possibile per ignorare il cuore che mi batte sempre più forte. Basta, adesso vado. Se anche mi vorranno licenziare dovranno faticare un bel po'. E comunque un altro posto lo trovo quando mi pare.

Non mi ero mai accorta che in corridoio ci fosse un vivace tappeto a scacchi verdi e rossi forse più adatto a un pub londinese che agli uffici di una multinazionale dell'alimentazione. Penso cose strampalate per occupare la mente in attesa di varcare la fatidica soglia. Che esagerata, dico a me stessa, ma intanto percorro il corridoio a passi incerti fino alla monumentale porta di noce che si apre sulla sala riunioni. Mi fermo ancora un attimo, rialzo il colletto della blusa per darmi un'aria femminile ma grintosa, stringo con forza la maniglia prima di girarla e guardo le mie nocche sbiancate, poi come se da loro mi fosse giunto un segnale, entro.

Ci sono tutti, dal primo all'ultimo dirigente e c'è anche Claudio. L'infame: perché non è passato in ufficio prima di assurgere a questo minaccioso Olimpo? Stringo la mano a tutti e mi siedo dove qualcuno m'invita a sedermi. Mi metto a braccia conserte come una scolaretta convocata in presidenza per indisciplina e ascolto. «Lei forse indovina perché l'abbiamo chiamata...» esordisce il presidente in perfetto italiano. (No, non lo indovino.) «Come sa abbiamo il problema del trasferimento del dottor Marini,» continua lui (...figurarsi se non lo so...) «problema di non facile soluzione, in apparenza» (...certo, comprendo le difficoltà...). «Tuttavia ci sembra di averlo risolto brillantemente, se lei sarà d'accordo...» Sirene d'allarme in tutto il corpo, sudori caldi e freddi, pensieri e parole latitanti. Fuite, fuite... (fuggite, fuggite) direbbe la mia nonna napoletana. Ma dove fuggo? «Dopo esserci a lungo consultati...» sguardo compiaciuto del grand'uomo sui silenziosi astanti «abbiamo convenuto all'unanimità che lei è la persona adatta a sostituire il dottor Marini.»

Lo guardo sbalordita, trasognata. Una segretaria che diventa dirigente? Inaudito. Questo rischia di essere il giorno più importante della mia vita, sarà meglio cercare di comportarsi di conseguenza. Di fronte a me Claudio sprizza pori da ogni felicità (penso esattamente così, tanto sono scossa e confusa), si capisce benissimo che si è battuto e ha vinto.

Ora tocca a me dimostrare che, ancora una volta, ha avuto un'idea apparentemente folle, ma proprio per questo brillante e funzionale. Tento di mettere insieme un discorsetto. Dico il mio stupore, l'ansia e la gioia. E chiedo tempo, un giorno o due per riflettere, per decidere.

Fuori dal quel pazzo ufficio un paio di dirigenti usciti con me mi festeggiano. Complimenti, congratulazioni, se lo merita.

Claudio è rimasto dentro; proprio quando ho più bisogno di lui si dà alla macchia. Aspetto che la gioia, l'emozione, l'orgoglio e il turbamento mi esplodano dentro. Ma non succede nulla: qualcosa di oscuro mi attanaglia e mi blocca. È la sorpresa, mi dico. È la sorpresa, dice il mio compagno di vita al quale telefono appena riesco a dominare un po' il tremito delle mani. Mi sono seduta alla scrivania di Claudio e mi affido alle parole del mio uomo per vedere se mi fanno il solito effetto sedativo di quando sono in preda a una crisi di panico. Lui esprime una modica felicità (è a sua volta un po' allarmato, o forse è geloso?) ma è pacato, rassicurante. Lo ascolto smarrita mentre il mio sguardo vaga sulle cose che ho lasciato a metà prima di andare a ricevere la sconvolgente notizia. Le cartelline azzurre, i fogli in attesa di sistemazione, le agende scadute... Roma, Vienna, Parigi, Londra. D'un tratto divento di pietra: ora so che non posso accettare.

«Non dire sciocchezze,» esclama stizzito l'inquilino del mio cuore «è l'occasione della tua vita. Devi prenderla al volo.»

Al volo appunto non avevo pensato: ma l'inspiegabile resistenza che mi impediva di esaltarmi era proprio lì, scritta in chiare lettere sulle agende di Claudio. Quante volte alla settimana prendeva l'aereo? Due, tre, forse di più. Non potrò mai sostituirlo: ho una terribile paura di volare.

Di colpo mi sembra che ogni problema sia risolto. Certo, avrei accettato volentieri, ma c'è quell'insormontabile impedimento. So che a nessuno sembrerà una risposta seria.

Infatti: «Paura dell'aereo?» dice Claudio quando finalmente si decide a raggiungermi nel suo quasi ex ufficio, e scoppia a ridere. Mi ci vuole quasi un'ora per convincerlo che davvero penso di non poter accettare la più allettante proposta che abbia mai ricevuto. È incredulo e oscilla dal benevolo paternalismo alla furia che gli scatena dentro la sola idea di venire così screditato di fronte ai suoi capi. Mi parla, poi telefona al mio fidanzato, poi riparla con me. Non riesce a convincersi che davvero quella stupida cosa possa mandare a monte tutto. Invece più lui sviscera l'argomento, più mi rendo conto che non potrò mai superare quella difficoltà. A fine mattinata è sfinito: un vincente come lui non riesce ad accettare di essere sconfitto dall'irrazionalità. Non mi molla, m'invita a pranzo nel piccolo ristorante che ci ospita di solito nelle grandi occasioni di lavoro. E qui prova a fare lo psicanalista. «Hai paura di metterti alla prova!» mi accusa, con qualche fondamento. «Piuttosto di scoprire le tue effettive capacità preferisci rinunciare. Credimi, non è paura di volare, hai solo paura di te stessa.» Solo. E gli sembra poco.

Claudio continua la sua arringa: è appassionato, generoso, convincente. «Non sarei stato nessuno senza di te!» si sbilancia. «Le cose migliori, quelle che mi hanno assicurato il successo, me le hai passate tu. Adesso puoi smettere di vivere di luce riflessa, finalmente puoi far vedere chi sei e quanto vali.»

Ma guarda, davvero non ci avevo mai pensato. Così solo ora che lui mi dà il via, tanto per restare in tema, posso prendere il volo. «Non ti sfiora il pensiero che vivere nell'ombra possa essere una mia scelta?» gli dico seria, con improvvisa lucidità. «Un'autentica scelta di vita?» No, per un rampante è impensabile che ci si possa accontentare del secondo posto se è disponibile il primo. Quando lasciamo il ristorante siamo entrambi stanchi e tesi. È la prima volta che fra noi manca l'antica armonia. Mi sento cambiata e anche il mio rapporto con Claudio si è improvvisamente modificato. Capisco di deluderlo e di ferirlo, ma a mia volta sono profondamente ferita.

La sera la battaglia continua: è cambiato l'interlocutore ma gli argomenti sono gli stessi. Il mio compagno non tenta di convincermi a ogni costo, cerca solo di mettermi in guardia contro me stessa. «Non è una vera scelta» mi spiega. «Non vuoi rifiutare perché non ti interessa la carriera, ma perché ci sei costretta da qualcosa che è più forte di te.» E ha ragione.

La notte non mi porta né sonno né consiglio: rifletto a lungo, mi interrogo e mi tormento. Quello che mi spaventa davvero in un viaggio aereo non è la paura di morire, che sarebbe tutto sommato comprensibile. Non penso quasi mai alla morte, come d'altra parte è normale a trentatré anni. Vorrei ricordare con esattezza le sensazioni provate la prima e unica volta che ho messo piede su un aereo. Ma era tutto confuso e dominato dall'irrazionalità. Impossibile trovare un capo e una coda in quel groviglio di angosce. Ricordo solo di aver desiderato più di ogni cosa al mondo di tornare con i piedi per terra.

Ecco: i piedi per terra, la testa sulle spalle, nessun grillo per la testa... Si era sempre detto questo di me in famiglia, contrapponendo il mio carattere tranquillo alle follie della mia sorella maggiore che invece era imprevedibile, ribelle e un po' pazza. Lei spesso faceva piangere la mamma e preoccupava papà. A me invece era stato assegnato (no, non l'avevo scelto io) il compito di essere la gioia e la consolazione degli afflitti genitori. Dovevo risarcirli io delle delusioni e del dolore che la prima figlia infliggeva loro senza sosta.

Tutti si aspettavano da me le risposte giuste, l'equilibrio, le reazioni normali, il dominio delle emozioni come si conviene a una ragazza «quadrata». E a me pareva di adeguarmi con gioia alle aspettative della famiglia facendo il possibile per essere esattamente come mi volevano. Ricordo tutto di colpo: quando da piccola avrei voluto correre e scatenarmi ma rimanevo composta ed educata trattenendo la mia impazienza di bambina. Questo mi faceva sentire più buona e, soprattutto, più amata. E la prima volta che mi ero innamorata, avevo rinunciato subito persino alla speranza, visto che il ragazzino per il quale il mio improvvido cuore si era messo a battere era il figlio di un comunista temuto in casa come lo zolfo del demonio. Ho rinunciato sempre, è vero, ma proprio costringendomi al sacrificio ottenevo grandi vantaggi. Da una parte mi assicuravo l'amore incondizionato delle persone care: come potevano non amarmi se ero così simile al loro ideale di figlia? Dall'altra esercitavo con soddisfazione tutta la mia forza dominando inesorabilmente il mio corpo e la mia mente. Controllavo tutto di me: le parole, i pensieri, i sentimenti, in guardia ventiquattr'ore su ventiquattro. Come potrei adesso mettermi a volare se per tutta la vita mi sono imposta di restare coi piedi per terra? Io, la seconda figlia, la più calma, la più seria, la più concreta.

In aereo dovrei lasciare ad altri il controllo della situazione, mentre a me piace dirigere e manovrare pur restando nell'ombra. Ecco perché sono una segretaria così brava. Con Claudio ho lavorato benissimo perché avevo trovato esattamente quello che mi occorreva: la possibilità di dominare e decidere senza averne l'aria. Lasciar volare lui, ma controllare tutto restando la padrona occulta della situazione.

Scivolo silenziosa giù dal letto per non svegliare il mio uomo che ora dorme sereno. In cucina mi verso un bicchiere di latte e intanto guardo fuori dalla finestra le ombre tetre disegnate dalle luci dei lampioni. È autunno inoltrato. L'ippocastano in fondo alla strada ha trattenuto, con poche foglie gialle, una residua illusione di vita. Ma già le forme scheletriche dei suoi rami annunciano scenari invernali. Stringo il bicchiere di latte come una fune di salvataggio. Non sono poi così forte se non riesco a superare una stupida paura. E tutto il controllo che pensavo di saper esercitare su di me naufraga miseramente alla sola idea di varcare la soglia di un aeroporto. È pur vero, però, che ci vuole molto più coraggio a rifiutare un'offerta come quella che ho ricevuto oggi. Ma questo forse me lo dico per attenuare gli effetti di una decisione che è un'autentica sconfitta.

Comincio a vedere con maggior chiarezza quello che devo affrontare in questo difficile passaggio: l'offerta di lavoro e la paura di volare sono due cose distinte. È stato un grave errore impostare i miei rapporti affettivi sul bisogno di piacere agli altri. Ma non credo di poter più cambiare il mio modo di amare e di farmi amare. Ormai so farlo solo così, per questo non posso diventare di colpo protagonista. È il mio tanto coltivato spirito gregario che mi impedisce di accettare quella fantastica occasione. Ho paura di volare, è vero, ma questo è ben diverso dal prendere un aereo.

Non accetterò quell'offerta. Ma farò un viaggio, giuro che lo farò!

L'ascensore

Quelli che han paura dell'ascensore non li avevo mai capiti. Forse perché sono pigra e mi piace evitare tutte le fatiche, anche le più piccole. Ho sempre abitato ai piani alti perché i miei genitori amavano la luce e la bella vista. L'ascensore è stato lo strumento delle mie prime trasgressioni: lo prendevo di nascosto quando tornavo da scuola anche se il regolamento lo proibiva ai bambini non accompagnati al di sotto dei dodici anni. Quando arrivavo nell'atrio del palazzo mi guardavo subito intorno sperando che nessun adulto dovesse salire. Mi dava una sensazione piacevolissima chiudermi tutta sola in quella grande scatola e sfidare gli incomprensibili divieti degli adulti. Scendevo al piano sotto il mio e facevo l'ultima rampa a piedi perché i miei non sentissero l'inconfondibile sferragliare della cabina e delle rumorosissime porte.

Qualche anno dopo col primo fidanzatino ci divertivamo moltissimo a bloccare l'ascensore in salita schiacciando il pulsante «arresto». Penso che ci eccitasse molto di più l'idea di trovarci murati vivi, sospesi nel vuoto delle cose proibite, che non lo scambio dei timidi e maldestri baci di quegli attimi. Di tutto questo non ricordavo più nulla, ma sono stata costretta a richiamare alla memoria le sensazioni di allora dall'improvviso attacco di panico che da un paio di settimane mi costringe, in certe circostanze, a salire e scendere a piedi dal settimo piano.

Stavo uscendo con mio marito per andare a cena da amici. Lui aveva già chiamato l'ascensore ma, come spesso mi accade con grande stizza del mio compagno, all'ultimo minuto ho ricordato di aver lasciato i guanti in casa. Sono rientrata velocemente mentre lui mi aspettava nella cabina aperta. È stato un attimo: al mio ritorno l'ho visto in quella scatola angusta, impaziente e un po' irritato. Avrei dovuto chiudermi con lui in quello spazio minimo e assistere alla chiusura sibilante delle porte che scivolavano sui cursori ben oliati. E improvvisamente ho avuto l'impressione che entrando in ascensore sarei stata inghiottita da qualcosa di ignoto e nemico. C'era in quel piccolo vano aperto in attesa un'oscura minaccia. Non sono riuscita a entrare; ho fatto le scale a piedi, di corsa, come se fossi inseguita, in preda a un'ansia spaventosa.

Mio marito mi guardava incredulo e forse un po' preoccupato. Ma tutti e due abbiamo preferito pensare che si trattasse di un episodio strano ma isolato. Man mano che passava il tempo mi rilassavo: la cena era ottima e la compagnia gradevole. All'ascensore non ho pensato più per tutta la sera. Ma rientrando a casa, stessa scena. Sette piani a piedi con l'opprimente sensazione di vivere l'inizio di una malattia misteriosa e inquietante. Per la verità, non mi era mai venuto in mente prima di considerare malati quelli che soffrono di claustrofobia. Conosco persone che riescono da sempre a convivere con la paura del chiuso e mi pare che la loro vita non ne sia gran che condizionata. Mi rendo conto di avere una convinzione bislacca: quelli che il problema l'hanno sempre avuto li considero sani, mentre io, che con l'ascensore ci ho persino giocato, di fronte a quest'inspiegabile novità mi considero malata. «Questo sintomo non può essere arrivato da solo» mi ha detto il medico che mi sono affrettata a consultare. «Ci dev'essere qualcos'altro, non so, ansia, insonnia. È accaduto qualcosa di nuovo nella sua vita?» Pensa e ripensa...no, niente di speciale. Tutto scorre come al solito. Sì certo, proverò a prendere le pastiglie col nome pieno di zeta che mi sta scrivendo sulla ricetta. Ma ho bisogno di rassicurazioni più concrete: «Mi passerà, dottore, con questo farmaco?». Lui si stringe nelle spalle. «Sono un medico di base...» Forse non se ne rende conto, ma la sua modestia è una dichiarazione d'impotenza che mi spaventa moltissimo. Insisto: «Ma ha avuto altri pazienti che all'improvviso si sono ammalati come me?». Sembra quasi infastidito, mi guarda con un'antipatica aria di complicità: «Fa bene far le scale a piedi, l'aiuta a mantenere la sua splendida linea». Avrei voglia di picchiarlo.

Appena arrivo a casa telefono a Guido. E mentre faccio il numero risento nettissima la voce del medico: «È accaduto qualcosa di nuovo nella sua vita?». Ho mentito automaticamente. Mentre rispondevo ero sincera: non pensavo proprio in quel momento alla mia esaltante storia d'amore segreta.

Guido è il mio commercialista. So che è buffo e per alcuni può essere perfino irritante, ma a me il modello 740 ha fatto un gran bene. Nessuno di noi immaginava di cadere nelle sabbie mobili di una relazione. Siamo sposati entrambi e i nostri matrimoni sono saldi e, anche se suona un po' strano detto adesso, felici. È accaduto nostro malgrado. All'inizio, mentendo a me stessa, mi dicevo che non c'era niente di male ad accettare qualche invito a cena le sere in cui mio marito era fuori per lavoro. Ma avvertivo già nettissimi i sintomi dell'innamoramento. Se lui telefonava anche solo per chiedere una qualche informazione fiscale, ero invasa da un calore e da un'euforia decisamente non giustificati dalle aride cifre che gli dettavo. Un incontro anche brevissimo con Guido cambiava tutta la giornata, le sue frasi più banali diventavano per me prezioso materiale di studio. A volte ho sfiorato il ridicolo. Ha affermato che gli piace il caffè dolce... cos'avrà voluto dire? Mi domandavo serissima cercando sempre reconditi messaggi amorosi nelle sue parole. Sono stati giorni di felicità, di eccitazione e di rimorsi. A quarant'anni sono diventata la moglie infedele di un uomo che mi adora. L'ho già detto, ma non esito a ripeterlo: il mio è un matrimonio felice e proprio questo mi fa sentire un verme. È facile tradire un marito indifferente, ottuso, insensibile. Ma io non ho nessuna di queste attenuanti, tanto vale avere il coraggio di dirlo chiaro: sto commettendo una cattiva azione.

Sono diventata un'attrice consumata: racconto bugie con la massima naturalezza, invento fatti e situazioni senza mai contraddirmi; al telefono fingo accese conversazioni con le amiche mentre all'altro capo del filo c'è il mio amante. E pensare che ho avuto il coraggio di dire al medico che nella mia vita non c'erano stati cambiamenti. Forse la bugia di quel momento nasceva dal rifiuto di considerare la mia storia d'amore la causa di un malessere, l'inizio sotterraneo di una nevrosi.

E invece quel medico deve aver visto giusto: i motivi della mia improvvisa paura vanno cercati proprio nella ventata di eccitante follia che ha radicalmente cambiato la mia vita.

In fondo ogni nuova felicità ha bisogno di una piccola punizione, specie se si tratta di una felicità proibita. Vorrei almeno capire perché fra i tanti disturbi possibili ho scelto proprio quello. Deve pur significare qualcosa. Ormai non penso ad altro, la mia mente è occupata più dal mio rapporto con l'ascensore che da quello, pur così esaltante, con Guido. Ho persino il sospetto che si tratti di una specie di boicottaggio inconscio; sto cercando di occupare la mente con questo strano malessere perché più passa il tempo più mi sento legata e quello che doveva essere solo un amoretto senza complicazioni mi sta coinvolgendo molto di più di quanto avrei voluto. Faccio mille ipotesi e di volta in volta tutte mi sembrano credibili e risolutive. Mi sono messa ad analizzare episodi antichi e recenti, ho comprato libri di psicologia e ho fatto esperimenti singolari. E questo grande fervore di pensieri e di opere mi ha portato per lo meno a una scoperta importante. Dopo l'episodio della prima sera avevo stabilito che ormai ero entrata nella numerosa schiera dei claustrofobici e che non potevo prendere l'ascensore senza stare malissimo.

Ma non è vero. Una mattina, facendomi forza, ho provato a salire da sola, proprio come facevo da bambina quando non avevo l'età per prendere l'ascensore. Mi batteva forte il cuore ed ero emozionatissima. Sono entrata, ho schiacciato il pulsante e ho atteso con ansia il piccolo sobbalzo della partenza. Non è successo niente, non ho provato nessuna ansia. Allora tutta presa dall'eccitazione di aver vinto la mia battaglia ho fatto su e giù per gran parte della mattinata, non riuscivo più a smettere. Entravo in casa, ma dopo un po' mi prendeva una gran voglia di riprovare, di verificare se era davvero tutto passato. Ho chiamato mio marito per comunicargli la lieta novella. C'era un clima da vissero felici e contenti quella sera, quando abbiamo deciso di andare al cinema per festeggiare la scampata nevrosi.

Ma al momento di farmi ingoiare con Ettore da quell'insidiosa cassa semovente, tutto è tornato di colpo come prima. Non potevo assolutamente stare con lui, così vicina, in uno spazio tanto esiguo. Allora ho capito che dovevo modificare la descrizione del sintomo: non ho paura di prendere l'ascensore: sono atterrita all'idea di entrarci con mio marito. Mi corre un brivido per la schiena solo ripensando alla scena. Lui è lì, appoggiato alla parete laterale, dalla parte dei pulsanti, di solito si mette un po' di lato per non rischiare di premere inavvertitamente un bottone. Io entro in cabina e mi metto di fronte a lui, in un punto dov'è impossibile non guardarsi negli occhi. Mi opprime l'idea di non poter guardare altrove, di non riuscire a sottrarmi al suo sguardo affettuoso e senza sospetti. Se sono nella nostra grande e bella casa posso parlargli a lungo, normalmente, mentre faccio scorrere gli occhi sui tanti oggetti raffinati e preziosi che ci circondano. Se passeggio con lui posso spaziare con lo sguardo su persone e cose e, restando appesa al suo braccio, rassicurarlo con la mia presenza. Ma se siamo insieme nell'ascensore, l'angoscia del troppo chiuso mi soffoca e mi fa sentire irresistibile il bisogno di aprire. Sì, di aprire le porte della cabina, ma anche, più subdolamente, di aprire me stessa.

Ho paura di essere sopraffatta dall'impulso di confessare tutto, dalla voglia di uscire allo scoperto combinando un guaio colossale. Questa è, nell'ordine, l'ultima ipotesi che ha formulato la mia mente da inquisitore. Ma ne avevo già pensate altre. I baci rubati da adolescente nella cabina bloccata tra un piano e l'altro hanno fatto dell'ascensore il simbolo della trasgressione e del peccato. Ecco perché, proprio quando la coscienza mi rimorde per azioni molto meno ingenue di quelle di allora, la grande scatola semovente, invece di proteggermi con la sua complicità, mi imprigiona, mi opprime e diventa un luogo di angoscia e di punizione.

Tutte le congetture mi sembrano intelligenti e profonde. Ma il problema non si risolve. Così, sia pure con un po' d'imbarazzo, ho deciso di raccontare a Guido quello che mi sta accadendo. Era troppo forte il bisogno di parlare liberamente con qualcuno della mia paura. Lui mi ha ascoltata, prima perplesso poi ironico. «Credevo di darti gioia, non angoscia» ha detto scherzando, ma non troppo. Fingeva di non capire, comunque non diceva nessuna delle cose che mi sarebbe piaciuto sentire da lui. Desideravo essere consolata e sostenuta. Invece il mio commercialista stava pensando solo a se stesso. «Perché mi racconti questa tua stranezza?» mi ha domandato nervosamente. «Hai deciso di lasciarmi?»

È davvero buffa la psiche umana: per quanto avessi fatto le ipotesi più strampalate sul mio disturbo non mi era nemmeno passato per la mente che tutto si sarebbe aggiustato interrompendo il mio rapporto con Guido. La sua stizza mi apriva nuove possibilità. Se davvero alla base della mia parziale claustrofobia c'era il senso di colpa per la mia infedeltà, la terapia non poteva essere che una: ritornare sulla retta via. «Lasciarti?» ho risposto divertita. «E perché dovrei farlo?» Lui mi guardava con un'ombra di sufficienza: «Per non fare le scale a piedi!». La sua logica era ferrea, ma non risolveva niente.

«Il fatto è che ormai il danno è irreparabile» ho riflettuto ad alta voce. «Irreparabile perché il tradimento comunque c'è stato. Anche se ora rompessi il nostro rapporto la colpa resterebbe. E io continuerei a scappare dall'ascensore, nonostante la mia ritrovata innocenza.» Lo dicevo per rassicurarlo, ma intanto convincevo me stessa che era proprio così. Non credo di avere molte scelte per ora: sono condannata a salire e scendere le scale a piedi quando sono con mio marito. Proprio io che ho sempre considerato l'ascensore uno dei miei giocattoli preferiti.

La donna di pietra

«Paura di aver paura» bella frase, vero? Sembra uno scioglilingua o il verso ironico di una poesia moderna. Purtroppo è uno stato d'animo che può fare di una vita, la mia vita, un tormentoso viaggio nel buio. Gran parte del mio tempo lo vivo come se fossi su un treno che corre in una galleria: fuori dal finestrino non vedo che pareti sporche di fuliggine, odo solo un rimbombo molesto e non posso che aspettare – ma per quanto ancora? – di uscire all'aperto.

Quello che temo di più è di ricadere in una delle crisi di panico che mi hanno perseguitata negli ultimi anni. Non mi è capitato molte volte, per la verità, tre, quattro al massimo. Ma è stato sufficiente per mettermi in uno stato di preallarme costante che mi toglie ogni interesse per la vita. E ho solo quarant'anni.

Comincia con una specie di innocuo formicolio agli arti. La punta delle dita perde gradualmente sensibilità e a poco a poco le mani e i piedi mi si raffreddano. Un senso di gelo assoluto s'impadronisce pian piano di tutto il mio corpo. Il sangue, che pure per la tremenda agitazione dovrebbe pulsare all'impazzata, rallenta invece il suo corso. Sento, certo, i tonfi del cuore, ma sono rintocchi sordi, come di un movimento che va rallentando fino a fermarsi, così mi pare, in una stasi glaciale. Da quel momento i miei muscoli già rigidi e contratti assumono una consistenza diversa. Si fanno di pietra. E io mi rendo conto con un terrore che mi toglie il fiato di essere diventata una statua. È un'esperienza terribile che dev'essere molto simile a quella dei sepolti vivi. Il medico dice che questa raggelante sensazione in realtà è una forma mascherata della paura della morte. Posso anche credergli, ma mi riesce difficile far coincidere la mia vita e il mio modo di essere con la paura di morire.

Non sono sempre stata un'inetta, prigioniera della nevrosi. Ho vissuto tempi che, nonostante tutto, potrei definire eroici. È difficilissimo, quasi impossibile, descrivere il clima teso e infocato in cui vivevano i giovani nei primi anni Settanta. C'era una gran voglia di cambiare il mondo e i tempi erano tali che si poteva persino sperare di farcela. Io ci credevo ciecamente. Avevo solo diciotto anni ed ero una della più entusiaste animatrici del movimento studentesco della mia scuola. Studiavo e lavoravo perché dai miei genitori «borghesi e reazionari» non volevo un soldo. Usava così, allora, i primi nemici della classe operaia erano nelle nostre case e le uniche rivoluzioni tragicamente riuscite sono state quelle che implacabilmente abbiamo combattuto contro le nostre famiglie. Nel senso che siamo riusciti a distruggerne l'equilibrio e la sicurezza.

Michele l'avevo conosciuto al sindacato. Aveva dieci anni più di me, e questo naturalmente ne aumentava il fascino. Sono diventata la sua donna e ho vissuto per tre anni con lui una storia mista di sesso, sentimento e ideologia dopo aver definitivamente rotto i rapporti con la mia famiglia.

Da casa non avevo portato via neanche lo spazzolino da denti. Una mattina mi limitai a telefonare per avvertire mia madre, incredula e sconvolta, che non sarei più tornata. Ora mi sembra impossibile di essere stata così gratuitamente crudele con i miei ma a quel tempo ero convinta che, proprio negando certi legami, avrei dimostrato a me stessa la forza e la fermezza necessarie per la lotta politica.

Michele intanto intensificava i suoi contatti con un gruppo legato alle Brigate rosse. Io partecipai con lui ad alcune importanti riunioni clandestine e conobbi personaggi per me già leggendari.

Mi arrestarono una mattina all'alba. Ero sola in casa perché Michele da più di una settimana dormiva fuori per prudenza. Io ero convinta di non essere nemmeno sospettata. Invece mi avevano pedinata e fotografata, e conoscevano gran parte dei miei movimenti degli ultimi mesi. Mi mandarono nel carcere di Voghera che a quei tempi era uno dei più temuti. Era una prigione che aveva saputo mettere al servizio della più cieca brutalità tutte le conquiste tecnologiche moderne. Quando ripenso a quella terribile esperienza mi domando perché mai le mie crisi non siano cominciate allora. In quelle condizioni sarebbe stato più comprensibile sentirsi, come mi accade adesso, vivi dentro e morti fuori. È davvero strano che in quel periodo non avessi paure né ansie né rimorsi. I miei genitori erano venuti al processo e avevo stentato a riconoscerli. Mia madre soprattutto aveva subìto una sconvolgente metamorfosi. Pareva rimpicciolita, lei sempre così fiera ed elegante. Era curva e fragile come un passerotto e il suo sorriso solare si era spento in una specie di smorfia tragica. Papà tentava invece di restar fedele al suo contegno severo e distaccato. Ma si poteva facilmente cogliere nei suoi occhi lo smarrimento disperato di chi si trova in un luogo, il tribunale, che aveva ritenuto completamente estraneo alla sua vita e al suo modo di essere. Fino a qualche anno prima ero stata la ragazza che tutti vorrebbero per figlia: bella, intelligente, spiritosa. Brillante a scuola, prima in tutti gli sport. Fidanzata ufficialmente con un bellissimo giovane destinato al successo. Nessuno nella mia famiglia ha mai creduto che io abbia avuto un'autentica crisi d'identità personale e sociale. Tutti hanno preferito convincersi che io, la dolce, irreprensibile Cristina, fossi stata «traviata» da un mascalzone senza scrupoli, cioè Michele.

Io d'altra parte sapevo benissimo di aver distrutto la loro vita. Ma sostenuta dalla fiera convinzione di aver agito per una causa giusta, a quei tempi non avevo paura di nulla e di nessuno. E mi sembra un tragico contrappasso il fatto di vivere oggi i miei anni di piombo.

Fui condannata a dieci anni per la semplice associazione. Ma ne ho fatti solo quattro. Mi hanno concesso alcuni privilegi perché alla fine sono riusciti a farsi dire quel che sapevo. Di Michele e degli altri.

Ora vivo in un piccolo appartamento che mi hanno allestito i miei, faccio un lavoro che mi piace e sono relativamente tranquilla. Potrei anche rifarmi una vita normale se non fossi perseguitata dal terrore di essere pietrificata. A volte penso che anche adesso sto sbagliando tutto. Mi torna in mente un bellissimo libro che ho letto in carcere: *Il deserto dei tartari* e mi rendo conto che mi comporto come uno di quei soldati in costante attesa di un nemico che forse non arriverà mai.

Nessuno può aiutarmi a superare la paura. Quando mi viene la crisi tutti i processi del terrore si svolgono all'interno del mio corpo (o della mia mente?) dove agli altri non è consentito vedere e modificare nulla. Io sola posso capire e interpretare quel che mi succede e per questo, ogni tanto, con raggelata cautela, mi metto a ricostruire le circostanze in cui mi si scatena la «pietrificazione». Come comincia? Ogni volta che è accaduto c'era di mezzo qualcuno che mi guardava. La prima volta è stato all'università. Ero andata a ritirare il mio certificato di laurea e l'impiegata allo sportello doveva aver letto da qualche parte che avevo dato gli esami quando ero ancora detenuta. Certo che, nel porgermi un foglio da firmare, mi ha guardata con curiosità morbosa. E forse anche con severità. Mentre scarabocchiavo la mia firma ho cominciato a sentire il freddo alle dita e ho avuto per la prima volta difficoltà di movimento. Subito dopo, una via l'altra si sono succedute in me tutte le tappe della pietrificazione. Anche la seconda crisi è esplosa in circostanze simili. Quella volta avevo incontrato un compagno dei tempi del sindacato. Lui si era fermato a chiacchierare con me per meschina curiosità, più che per reale interesse. «Hai notizie di Michele?» mi ha domandato perfidamente.

Michele è ancora in carcere. Ora gode di misure alternative, ma non è libero come me. Forse ogni volta che incontro uno sguardo che mi giudica severamente è agli occhi di Michele che penso. Il mio nome è nell'elenco degli infami che hanno tradito e ai tempi in cui il movimento era forte gli infami erano puniti in modo esemplare. Con la morte.

Io non sono stata condannata da nessuno dei miei antichi compagni. Mi sono evidentemente condannata da sola e il mio verdetto è ben più severo e crudele di quello di qualsiasi tribunale esterno. Anche la paura di aver paura fa parte della condanna. Ho scoperto, ripensando alle mie crisi, che non è vero che mi colgono di sorpresa. Sono io che nel momento in cui qualcuno, guardandomi, mi ricorda che ho tradito divento parte attiva del castigo. L'equazione tradimento-morte è presente in me e fortemente condivisa. Continuo a trasformarmi in una statua di pietra e forse solo uno sguardo di Michele libero e riconciliato riuscirebbe a farmi tornare in vita.

Il treno

Le luci si spensero all'improvviso e, come se le alimentasse la stessa energia, tacquero di colpo anche le voci. Sui viaggiatori cadde un buio greve e compatto mentre il treno continuava la sua corsa nella sera. Fu la sospensione di un attimo e subito riprese il rumore, prima un confuso tramestio, poi le voci.

«Che c'è? Cosa sarà successo?» domandò un uomo. «Qualcuno ha un fiammifero?» fece un altro e una signora con una vocetta esile ricordò agli astanti che quello era uno scompartimento per non fumatori. Quel fitto intrecciarsi di suoni fu rotto all'improvviso da qualcosa che sembrava insieme un grido e un lamento. Saliva di tono, diventava sempre più intenso ed era tanto più inquietante perché nell'oscurità non si riusciva a individuarne la provenienza. All'inizio era solo una specie di gemito, poi si udì la voce concitata di una donna: «Aiutatemi vi prego! Accendete la luce per favore... Per favore... mi sento morire!».

Il treno continuava a correre e frattanto l'oscurità si era addolcita, non solo perché dall'esterno arrivavano come lampi d'estate fasci di una fantomatica luminosità, ma anche perché gli occhi dei presenti si erano adattati al buio e adesso si riusciva a distinguere meglio la giovane donna atterrita che continuava a gemere tenendosi aggrappata al braccio del vicino.

«Non è niente, signorina,» diceva l'uomo non senza imbarazzo «solo un piccolo guasto. Stia tranquilla, staranno già riparandolo.»

Come se avesse pronunciato una formula magica, la luce tornò accolta da enfatici sospiri e da sproporzionate esclamazioni di sollievo. Tutti si guardarono in faccia con rinnovata curiosità, come se quella pausa di tenebre avesse reso più misteriosi e interessanti gli occasionali compagni di viaggio. Il posto accanto a un finestrino era occupato da Giorgio Meli, un giovane ingegnere in viaggio di lavoro. La ragazza che aveva gridato sedeva di fronte a lui e stava tutta rannicchiata al suo posto, con aria smarrita e gli occhi bassi. Tutti la guardavano in attesa di una spiegazione. Giorgio aveva supposto che quel disperato lamento venisse da una persona anziana e rimase stupito constatando che si trattava della graziosa biondina che aveva notato prima che si spegnessero le luci.

«Mi dispiace,» si scusò la ragazza con un filo di voce «è stato più forte di me.» L'uomo al quale si era aggrappata era calvo e pingue e aveva un'aria molto perbene. Guardava la giovane con un atteggiamento protettivo, come se si sentisse direttamente responsabile della sua serenità. «Mi chiamo Camilla» gli disse lei porgendogli la mano. «Mi scusi tanto per prima...» L'uomo si dava un sacco di importanza. «Ma si figuri!» replicò gongolante «sono cose che capitano... Io sono Dino Leto» aggiunse con sussiego.

«Beh, non è che capiti tutti i giorni che una persona stia così male» s'intromise un'altra viaggiatrice, seduta di fronte al signor Leto. Giorgio la giudicò piuttosto petulante, ma la sua ossevazione era sacrosanta. Leto evidentemente aveva creduto di poter disperdere con una banalità l'imbarazzo che la sofferenza di Camilla gli aveva procurato. La viaggiatrice invece non era disposta a lasciar correre: «Mi ha fatto prendere uno spavento, cara signorina... Cosa le è successo?».

La giovane si guardò intorno spaurita: non si aspettava un interrogatorio in piena regola, ma capiva che una spiegazione doveva pur darla. Sospirò come per sottolineare l'imbarazzo che le procurava parlare di sé a degli sconosciuti. «Ho paura del buio. Non mi era mai capitato di avere una crisi in pubblico. Ma è successo all'improvviso, non mi aspettavo quel blackout.» Giorgio ebbe uno slancio di comprensione. Conosceva bene l'intensità di certe paure irrazionali e l'acuto malessere che ne deriva. «Dev'essere tremendo» disse e, quasi senza volerlo, soggiunse: «So cosa si prova». Camilla lo guardò tra stupita e curiosa mentre la viaggiatrice indiscreta continuava implacabile: «Paura del buio? Non credevo che si avesse anche da adulti». Il signor Leto, pensando che volesse offendere Camilla, si lanciò a spada tratta in sua difesa. «Che c'entra l'età?» replicò severo. «Certe paure possono durare tutta la vita. Mia moglie ad esempio ha il terrore dei cani. Se ne vede uno anche da lontano viene presa da un'ansia incontrollabile. È inutile spiegarle che la povera bestia non le farà del male. Con lei gli argomenti razionali non servono. È il cane come animalità che l'atterrisce.» La ficcanaso era francamente incuriosita: «Che significa: il cane come animalità?» s'informò perplessa. Leto si invischiò in una complicata spiegazione, seguito con grande interesse dalla sua interlocutrice. Mentre lui parlava, Camilla assentiva calorosamente. «È proprio vero!» esclamò infine, mentre il suo visetto smunto riprendeva colore. «Non si ha paura di quel che si crede di temere, ma di altre cose che ci sfuggono: ad esempio tutto il mio spavento non è una vera paura del buio...»

«E lei come lo sa?» domandò la signora petulante, spiazzandola. Camilla si aspettava una domanda diversa, supponeva che la curiosità di quella scettica signora avrebbe riguardato i veri motivi della sua fobia. «Lo so perché non sono una stupida» replicò accalorandosi. «Quando si è spenta la luce, prima, sapevo benissimo che sarebbe tornata di lì a poco. Che mai poteva succedermi? Invece non sono riuscita a dominare l'angoscia che mi opprimeva.»

«Certo sono cose strane...» confermò l'altra. «C'è una mia vicina ad esempio che ha paura degli stivali. Uno pensa, allora è matta. Invece no, è una signora normalissima.»

«Come paura degli stivali?» intervenne Leto, suo malgrado incuriosito.

«Beh, non può assolutamente mettere gli stivali. Nemmeno se viene la neve o se va in montagna. Ma non è questione di eleganza, è proprio paura.»

«Forse è perché non può sentirsi stringere le gambe...» osservò Camilla, che in fatto di fobie pensava di saperla lunga.

«Me lo ha anche spiegato una volta» riprese la viaggiatrice soddisfatta di avere tutta l'attenzione per sé. «Dice che se porta gli stivali non può scappare perché ci vuole troppo tempo a sfilarseli.»

«E chi le impedisce di scappare con gli stivali ai piedi? Potrebbe andare più veloce, come con quelli delle sette leghe....» Leto si guardò intorno per vedere se gli altri avevano notato la sua arguzia.

«Non so come la pensi la mia vicina. Si vede che per scappare ha bisogno di essere svestita.»

Camilla sorrise, ma era colpita da quel racconto. «Però quella signora ha ragione. Ora che ci penso gli stivali stringono, imprigionano, sono contro natura...»

«Oh Dio mio!» esclamò la ficcanaso portandosi le mani al viso in un finto gesto di preoccupazione. «Non è che adesso lei si fa venire un'altra idea?» La ragazza rise imbarazzata. «È vero, basta un niente per suggestionarmi...»

«E mio figlio, allora?» domandò quasi in un gemito una vocetta flebile. Tutti si voltarono curiosi. La donna che aveva parlato sedeva nel posto più vicino al corridoio: fino a quel momento era rimasta in silenzio e nessuno si era accorto di lei. Aveva in testa un berrettone di lana che pareva fuori luogo in quel salotto improvvisato. Sembrava stupita di aver parlato, ma continuò: «Mio figlio ha paura dell'acqua. Non può fare il bagno nella vasca e non c'è verso di convincerlo a farsi qualche bella nuotata. Noi abitiamo a Camogli e c'è un mare così bello... Ma per lui è come se abitasse in cima a un monte». Tacque aspettando che gli altri reagissero. Era stata colta da un inatteso bisogno di parlare, di partecipare a quella coinvolgente conversazione. «Quanti anni ha suo figlio?» s'informò premurosamente la ficcanaso. «Venticinque» sospirò l'interpellata. «E non perché è mio figlio, ma è un ragazzo bravo, molto intelligente. Ha dato delle grandi soddisfazioni a me e a suo padre. Ha solo questo problema... e se ne fa una croce.»

«Ma perché mai?» domandò Leto con la solita aria di sufficienza. «Ci sono le docce, no?»

«Lei fa tutto facile» reagì irritata la prima viaggiatrice: questa volta toccava a lei prendere le difese di qualcuno. «Uno non si sente a posto quando ha delle paure così strane.»

«Abbiamo cercato di capire come mai avesse questo disturbo,» riprese afflitta la signora col berretto «ma non ci abbiamo capito niente. Lui sostiene che non sopporta di aver l'acqua alla gola, si sente soffocare. Anzi si sente morire: proprio come diceva prima la signorina. Quando l'ho sentita piangere al buio ho pensato al mio ragazzo.»

«Chissà, forse si è spaventato da piccolo» arrischiò Camilla, mai a corto di diagnosi psicologiche. «Se è successo non ce lo ricordiamo» replicò la donna. «Solo una volta è rimasto chiuso nell'ascensore, ma era già grande, aveva quattordici anni. E poi non gli è rimasta nessuna paura dell'ascensore.»

«Il sintomo però è lo stesso» insistette Camilla. «Si sente soffocare come se gli mancasse l'aria. Anche la mia paura è un po' così... Secondo me ognuno di noi sceglie una forma diversa per la sua paura, ma il problema è lo stesso.»

«L'abbiamo mandato dallo psicologo,» proseguì la donna «ma è stato peggio. Quell'accidente di medico gli ha messo in testa che quando è nell'acqua si sente come quando era nel mio utero e questo gli dà l'idea di essere chiuso e prigioniero. E così adesso ce l'ha con me, mi sfugge e dice che vuole andar via da casa.»

Ascoltare tutte quelle confidenze dava a Giorgio una strana eccitazione. Era al tempo stesso spaventato e attratto. Avrebbe voluto partecipare alla conversazione e sapeva di avere argomenti forti, che avrebbero suscitato curiosità e meraviglia. Ma era riservato per natura. Anche la sua paura era incomprensibile e stravagante ma lui non ne aveva mai parlato con nessuno.

Camilla intanto si era abbandonata a una rievocazione autobiografica che somigliava a una catarsi: «Tutte le nostre emozioni hanno un legame col passato. Io so che la mia paura ha origine dal fatto che quando ero piccola dormivo con mia nonna. La nostra camera non era mai al buio. C'era una lampadina sempre accesa sul comodino davanti alle fotografie di tutti i morti di famiglia».

«Una volta usava così. Anche mia madre fabbricava dei macabri altarini in camera sua» confermò la signora col berretto, come per un improvviso ricordo.

«Quella luce nel buio della stanza creava strane ombre, che mi incutevano autentico terrore. Sul muro di fronte al mio letto si proiettavano i contorni sfumati dei fiori finti disposti davanti ai morti e assumevano forme sconosciute e paurose. Mia nonna era molto severa, aveva il castigo facile e io avevo una gran paura d'irritarla. Così mi rannicchiavo tra le coperte con la testa nascosta sotto il cuscino, terrorizzata e affascinata da quelle apparizioni nebulose cariche di minaccia.»

La ficcanaso adesso era attentissima e compresa. «Ma allora era la luce a farle paura,» osservò «non il buio.» Quella volta nelle sue parole non c'era l'intenzione di criticare, ma solo una vigile curiosità. «Non so che dire,» fece Camilla, improvvisamente evasiva «ma ogni volta che penso alla paura del buio, mi vengono in mente le luci della nonna.» Leto sorrise, piegò definitivamente il giornale e lo mise da parte. «E cos'erano di preciso le luci di sua nonna?» domandò con sussiego paternalistico, deciso a dominare la conversazione. Giorgio era infastidito da quell'uomo: gli sembrava futile e superficiale, di tutto il dramma di Camilla non aveva probabilmente capito nulla e parlava a vanvera solo per darsi importanza.

La ragazza sorrise a sua volta. «Dico le luci della nonna perché sembrava che lei pregasse con i lumini. Oltre a quelle davanti ai morti aveva anche una lampada a olio che preparava personalmente. Riempiva un bicchiere metà d'acqua e metà d'olio e vi faceva galleggiare un piccolo anello di sughero con dentro uno stoppino e accendeva quella strana lampada davanti al Sacro Cuore di Gesù ogni volta che voleva una grazia. Poteva essere la mia promozione o il buon esito di una visita medica. Per sapere come sarebbe andata accendeva la lampada e osservava la fiammella: se era dritta e viva era segno che tutto sarebbe andato a buon fine. Se invece faticava ad accendersi e la fiamma vacillava incerta e anemica le cose si mettevano male.»

«E andava davvero così?» domandò la ficcanaso con una gran voglia di crederci. «Non so» rise Camilla. «Anzi certamente no. Ma io ci ho creduto fino a poco tempo fa.»

Il signor Leto, che aveva ascoltato ostentando un'ironica bonomia, volle introdurre nel discorso un po' di razionalità: «Sono solo superstizioni» sentenziò. «Forse anche la paura del buio nasce da questi pregiudizi. I bambini sono tanto impressionabili... Certo non si può sapere fino a che punto capiscono, ma sua nonna doveva pur rendersi conto che con tutto quel rituale le metteva addosso una paura che avrebbe lasciato il segno.»

Giorgio era affascinato dal racconto di Camilla. Gli sembrava che in tutti i giochi di luci e di ombre evocati dalla ragazza dovesse nascondersi il segreto della sua paura. «Ma adesso di notte dormi sempre con una lucetta accesa?» domandò vincendo la propria ritrosia. Camilla alzò gli occhi su di lui, un po' stupita del suo intervento. «Non potrei sopportare il buio, ma nemmeno un lumino da morti,» disse «così lascio accesa la luce in corridoio e tengo la porta aperta.»

«Chissà che bolletta salata!» commentò la ficcanaso serissima. E tutti risero.

«Non mi capitava da anni di avere una crisi come quella di poco fa. So che l'oscurità mi fa star male e cerco sempre di evitarla... ma qui mi è piombata addosso a tradimento.»

«C'è un buio che non può evitare...» pensò Giorgio con un brivido. Camilla aveva probabilmente paura di morire e attribuiva alle ombre transitorie tutta la carica di angoscia che le veniva da quel pensiero. Fu preso da una specie di euforico interesse per le vicende della sua dirimpettaia. Se avesse capito qualcosa in più di Camilla avrebbe forse avuto una chiave per interpretare se stesso. «Ma se da piccola dormivi sempre con la luce dei morti, come la chiami tu, quando hai scoperto di aver paura del buio?» Lei ebbe una reazione imprevista. Impallidì e cominciò a sbattere le palpebre a piccoli scatti veloci.

«Quando sono rimasta a dormire sola in camera, perché la nonna era in ospedale.» Camilla esitò, sui suoi ascoltatori era caduto uno strano silenzio. La ficcanaso la guardava attenta, la signora col berretto le sorrideva incoraggiante e il signor Leto si era appoggiato al bracciolo accostandosi di più a lei, come per prepararsi ad ascoltare ancora più attentamente il seguito del racconto. Anche Giorgio era teso, contagiato dall'improvvisa emozione della ragazza. «Sì,» riprese Camilla «mia nonna si ammalò gravemente. Ebbe una specie di ictus, una notte. Ma noi ce ne accorgemmo solo la mattina.»

«Tu eri nella stessa stanza quando è successo?» domandò Giorgio stranamente eccitato. Sembrava ansioso di sentire la risposta, come se gli mancasse solo quella tessera per completare il suo puzzle mentale.

La ragazza fece un cenno di assenso. Fu Leto a trarre le conclusioni: «Allora per questo ha paura del buio» esclamò come se la cosa fosse di un'evidenza assoluta.

Giorgio era convinto di aver fatto una grande scoperta. «La nonna è stata male e tu non te ne sei accorta. Così ti è rimasta la paura che nel buio possano succedere cose cattive che non puoi fermare.» Camilla sembrava frastornata ma fra sé si domandava con quale diritto quegli sconosciuti si mettevano a pontificare sulla sua vita. Dovette convenire con se stessa di aver favorito la loro invadenza parlando di sé con una libertà che non le era abituale. Pensò che l'unico modo per interrompere quella surreale seduta psicanalitica fosse di convalidare le loro ipotesi. «Ci ho pensato anch'io,» ammise «e sono quasi sicura che la malattia e la morte della nonna hanno molto a che vedere con i miei attacchi di panico quando mi trovo al buio.» Sperò che a nessuno venisse in mente che nella stanza che aveva descritto c'era sempre una lampadina accesa. Piegò la testa all'indietro e chiuse gli occhi per scoraggiare ulteriori approfondimenti. Gli altri si chetarono. «È proprio così,» rifletté Camilla «è cominciato nella notte in cui la nonna ha avuto l'ictus. Dormivano tutti, anche i grandi. Perché avrei dovuto accorgermene io, che ero la più piccola? No, non è perché non ho sentito i suoi gemiti, se pure si è lamentata, che mi sento in colpa.» Riaprì gli occhi e scrutò Giorgio che adesso guardava assorto il buio che scorreva fuori dal finestrino. «Che ragazzo strano» pensò. «Sembrava così discreto e silenzioso. Ma poi si è tanto infervorato.» Ebbe voglia di raccontargli tutta la verità, soltanto a lui. «Dove scendi?» gli domandò restando con la testa appoggiata allo schienale. «A Roma, e tu?» Lei andava a Napoli. Peccato, le sarebbe piaciuto scendere con lui e raccontargli in confidenza la parte della sua storia che aveva taciuto.

«Non ho sempre avuto paura del buio,» gli avrebbe detto «anzi da bambina la notte mi piaceva. Mi disturbava invece, e molto, la minacciosa penombra che la nonna creava con i suoi altarini. Una sera ero più inquieta del solito. Alla parata di fotografie dei morti se ne era aggiunta una nuova, quella di una mia coetanea, figlia di una lontana parente. Era morta di meningite qualche giorno prima. Io non l'avevo mai conosciuta. E forse proprio per questo vedere la sua foto nella notte mi dava un grande turbamento. E compii un atto di grandissimo coraggio di cui purtroppo non ebbi il modo di sentirmi orgogliosa. Silenziosamente, sfidando i fantasmi e la paura delle terribili sgridate della nonna, mi alzai e andai a spegnere la piccola lampada. L'indomani all'alba trovammo la nonna priva di conoscenza.

È assurdo pensare che ci sia un collegamento tra il mio gesto e la disgrazia che avvenne quella notte. Ma è difficile non lasciarsi turbare da quella tetra coincidenza. La nonna aveva uno strano rapporto con la luce, pensava che la sua lampada a olio celasse i segreti del futuro. Se fosse stato vero, spegnendole il lumino, avevo spento qualcosa di lei.»

Camilla si spaventò dei suoi pensieri. Non aveva detto una parola, ma solo rievocare quella notte era bastato ad atterrirla. Il cuore ricominciò a batterle forte, le gambe si fecero irrequiete e il respiro divenne faticoso e irregolare. Non voleva fare altre sceneggiate e uscì in fretta dallo scompartimento. Si mise a camminare su e giù nel corridoio e dopo qualche minuto Giorgio la raggiunse. «Stai bene?» le domandò premuroso.

«Sì... sì» lo rassicurò Camilla contenta che fosse lì. «Volevo solo muovermi un po' e prendere aria.» Lui si appoggiò alla parete lasciandosi sballottare dai bruschi soprassalti del treno. «È un viaggio lungo,» sospirò «non si arriva mai.»

La ragazza si domandò come mai il suo occasionale amico le ispirasse tanta fiducia. Aveva una gran voglia di confidarsi con lui. Scoprì che si trattava di un desiderio condiviso. «Ce l'ho anch'io, sai, una di quelle paure...» sbottò Giorgio con una risatina nervosa. «La più strana di tutte» aggiunse precipitosamente, come se quel poco invidiabile primato fosse una specie di giustificazione. Camilla cercava di infondere nel suo sgardo tutta l'amicizia e la solidarietà possibili. Giorgio proseguì: «Sai di cosa ho paura io?» e al muto interrogativo di lei continuò: «Dei bambini. Ho paura dei bambini piccoli, dei neonati».

Ottenne l'effetto che si aspettava; Camilla sgranò gli occhi e ripeté attonita: «Dei neonati?». «Sì, sì» confermò lui sottolineando le sue parole con ripetuti cenni del capo. «È una fobia che mi è venuta da poco, però. Non come la tua che è antica e sai più o meno da cosa può dipendere. A me è capitato all'improvviso senza un vero motivo.»

La ragazza adesso era impaziente: «Ti è capitato che eri già adulto?» domandò stupita. «Sicuro, è stato tre anni fa, quando mia sorella ha avuto il primo figlio. Sono andato in clinica tutto fiero: ero diventato zio! Ma quando mi hanno accompagnato alla nursery, nel vedere tutti quei mostriciattoli urlanti ho avuto una reazione violenta. Di colpo mi sono sentito minacciato e assurdamente il pericolo veniva proprio da quelle creaturine innocenti. Sono scappato via. Mia madre e mio cognato sono rimasti a bocca aperta. Ma il loro stupore non era nulla in confronto al mio. Non riuscivo a mettere ordine nel tumulto dei miei pensieri, delle mie emozioni. Ero sconvolto, non capivo cosa mi stesse capitando. Ho passeggiato a lungo per le vie, senza guardare dove andavo, prima di trovare il coraggio di tornare a casa. Mia madre era preoccupatissima e ho dovuto inventare mille bugie per sdrammatizzare quello che era successo. Devo essere stato convincente perché quella sera persino io ero persuaso che l'episodio era stata una banale risposta emotiva alla gioia di vedere il mio primo nipotino. Così l'indomani mi sono ripresentato alla nursery. Quella volta di neonati ne ho visto uno solo: l'infermiera sorridente e compiaciuta mi mostrava da dietro il vetro l'ultimo nato della famiglia. Ho sentito una specie di staffilata dietro le ginocchia e le gambe mi si sono piegate come se si fosse trattato di una vera sferzata e ho dovuto appoggiarmi con tutte e due le mani al vetro per non cadere. Ma il mio gesto dev'esser parso affettuoso alla ragazza, dettato dal desiderio di prendere il piccolo tra le braccia. Lei e il nipotino sono spariti, una tenda grigia è scesa a oscurare il vetro. Ricordo di aver pensato: li ho fatti sparire con la forza del pensiero. Ma me li sono trovati davanti di colpo. "Non si potrebbe, ma..." diceva con aria complice la ragazza porgendomi il fagottino. Il terrore sembrava avere agito perfino sui miei occhi che mi rimandavano un'immagine ingigantita del neonato: il viso mi appariva enorme, distorto da un ghigno. Non credo che i neonati ridano, ma quel mostro di bambino stava ridendo di me. Per la seconda volta sono fuggito, in preda a un'angoscia se possibile ancora più spaventosa.»

Giorgio era tanto immerso nel ricordo che aveva quasi dimenticato la presenza della sua silenziosa ascoltatrice. Fu lei a riscuoterlo: «Ma è terribile, mi fai venire i brividi! Così non hai più potuto vedere il tuo nipotino...».

«Per molti mesi ho girato al largo e per giunta mia sorella offesissima con me portava il bambino a mia madre solo se non ero in casa. Non gliene voglio, naturalmente, era legittimo che si risentisse. Quello che mi indispettiva è che in famiglia si favoleggiava di una mia ipotetica gelosia per il pupo. Non sembrava vero alla cara sorellina di poter ironizzare sul mio timore di perdere il ruolo di "reuccio", come diceva lei.»

«Ma allora era lei la gelosa» esclamò Camilla divertita. Giorgio assentì vigorosamente: «Qualche motivo l'aveva. Mia madre ha sempre avuto un debole per me, non posso negarlo. Dopotutto sono il primogenito. Se vogliamo ero in una situazione privilegiata e non avevo nessun motivo per soffrire di gelosia». La ragazza sorrideva un po' scettica: «Tutti i bambini soffrono quando arriva un fratellino» provò a insinuare. «Anch'io ho sofferto,» confermò lui «ma per ragioni ben diverse. Quando nacque Clara fui spedito a casa dei nonni e dovetti restarci quasi un mese perché la mamma era malata, aveva avuto delle complicazioni dopo il parto. Lo ricordo bene anche se avevo solo quattro anni: ogni volta che chiedevo della mamma mi dicevano che era andata a comprare la sorellina. Fu un periodo interminabile per me: mi sentivo solo e abbandonato. Quando mi è successo quel fatto pazzesco, sono tornato con la memoria a quei giorni. Ma per quanto abbia cercato di scavare non mi sembra di aver provato nulla contro Clara. L'unica cosa che ricordo è la sofferenza perché la mamma non c'era.»

Camilla rifletteva sulla cecità che ci può cogliere quando parliamo dei nostri sentimenti. Le sembrava risibile la differenza che Giorgio faceva tra la nostalgia della madre e la paura della sorellina. Per lei era evidente che se il bambino soffriva per il distacco dalla madre doveva anche detestare l'unica responsabile di quella separazione. Ma Giorgio forse non era pronto per saperlo e comunque non glielo avrebbe suggerito lei. Camilla era a disagio per essersi tanto addentrata nei segreti del giovanotto. Sentì il bisogno imperioso di offrirgli una sorta di risarcimento e finalmente gli confessò la parte nascosta della sua storia, quella della notte in cui aveva «spento» la nonna. Incomprensibilmente il racconto turbò Giorgio: «Allora tu lo conosci il motivo della tua paura. Come mai non sei guarita?». Lei teneva gli occhi fissi nel vuoto e parlò più a se stessa che a lui: «Penso che i miei attacchi non siano una fobia, ma un vero castigo. Devo essere punita per quello che ho fatto. Ogni volta che il buio mi sorprende devo soffrire per la volta in cui sono stata io a volerlo. È un castigo che non può finire». Ora Camilla era esausta, aveva voglia di tornare al suo posto e di restare in silenzio a lambirsi antiche ferite riaperte da quel malaugurato viaggio. «Vado a sedermi, sono stanca» mormorò troncando ogni confidenza e lo lasciò solo e ansioso in corridoio.

La capacità della ragazza di cogliere con lucidità certi nessi profondi per lui misteriosi aveva colpito Giorgio. Chissà, si domandava, chissà se Camilla era particolarmente dotata e sensibile o se era lui sciocco e superficiale. Si tuffò di nuovo nel passato con un ridicolo senso di invidia: anche lui voleva trovare, con la stessa evidenza, un motivo valido per la sua paura. Ricostruì alcune scene della sua infanzia: le grandi tavolate natalizie, i viaggi in montagna, al mare, le inconsapevoli gare tra bambini per catturare l'attenzione dei grandi. Clara, la sorellina, era piuttosto petulante e quando non la spuntava aveva le lacrime pronte. A volte lui la picchiava, ma solo per dare una ragione ai suoi interminabili pianti. A parte questo, le voleva molto bene. Inventava per lei giochi fantastici e appassionanti in cui le assegnava parti importanti come quella della principessa o della bambina rapita che lui correva a salvare dai briganti. La coinvolgeva in tutte le sue birichinate e quando venivano scoperti era il solo a essere sgridato perché era il maggiore e capiva di più. Un giorno stavano giocando a nascondino. Quando toccò a lui cercare la sorella frugò dappertutto, invano. Clara si era nascosta così bene che non riuscì assolutamente a trovarla. Così decise di smettere di giocare e se ne andò in salotto a vedere la televisione. Aveva completamente dimenticato la sorellina. La sera, al momento di andare a tavola, la mamma si accorse della scomparsa di Clara. Cercarono dappertutto. Della bimba non si trovò traccia. Ci furono momenti di panico assoluto. I suoi genitori avevano perso completamente le staffe. Il padre lo scrollava con violenza: «Dove l'hai lasciata?» gridava fuori di sé. Giorgio continuava a ripetere che non ne sapeva nulla ma nessuno gli credeva. Con grande sofferenza si rese conto che i suoi temevano che a Clara fosse accaduto qualcosa di grave e davano la colpa a lui. La mamma piangeva affranta mentre il padre bussava alla porta di tutti i vicini chiedendo della bambina. Quando i suoi decisero di chiamare la polizia fu travolto dal terrore. Se i poliziotti ragionavano come la mamma e il papà, pensò, lo avrebbero certo messo in prigione. Ebbe un attacco isterico, si buttò sul telefono, cercando in tutti i modi di impedire che lo usassero. Poi, nel bel mezzo di quella scena apocalittica, Clara comparve serafica: era a piedi nudi e si stropicciava gli occhi guardando tutti con stupore. «Non mi hai trovata!» disse rivolta a Giorgio con voce cantilenante. Lui sentì l'impulso prepotente di farle del male, la mamma e il papà invece non smettevano di baciarla, di stringerla, di coccolarla. Si comportavano come se lui fosse colpevole di chissà quale reato. Clara si era nascosta nell'armadio in camera da letto e in attesa di essere scoperta si era appisolata. E aveva dormito fino a quel momento. L'unica colpa di Giorgio era stata quella di interrompere il gioco, ma come poteva prevedere che quell'ochetta si sarebbe addormentata nel suo nascondiglio?

Il giovane rifletteva su quell'episodio della sua infanzia. Forse, pensò, se glielo avesse raccontato, Camilla avrebbe trovato qualche spiegazione. Ma lui non riusciva a vedere nessun legame ragionevole tra l'antica esperienza e la sua recente paura dei neonati. L'unica somiglianza fra le due cose stava nel tipo di paura. Ripensandoci adesso gli sembrava che il cupo terrore che l'aveva invaso all'idea di essere arrestato per la scomparsa della sorellina fosse molto simile al panico che l'aveva colto in clinica di fronte al bebé di Clara.

Oppure non c'era nemmeno questo, perché in realtà tutte le paure sono ugualmente terribili.

Sentì la porta dello scompartimento scorrere alle sue spalle. Camilla era tornata fuori. Era stato un viaggio inquieto per tutti. «Non trovo pace,» gli confidò «là dentro continuano a parlare di paure. Si stanno raccontando la storia della loro vita. A sentirli mi viene l'angoscia anche perché sono stata io a scatenare questa gara di confessioni.»

«Il tuo malessere di prima ha colpito tutti. Anch'io mi sono messo a pensare al passato. Strano, vero?»

Dal fondo del corridoio veniva verso di loro un ragazzo con due bicchieri di carta in mano. Come lo vide, Giorgio cercò di aprire la porta scorrevole per rientrare un attimo nello scompartimento e lasciargli il passo. Ma l'altro non ci fece caso e s'infilò tra lui e Camilla, reggendo in equilibrio instabile i suoi caffè. Proprio quando il ragazzo fu in mezzo a loro il treno ebbe una scossa più forte e il ragazzo ondeggiò pericolosamente e cercò invano di appoggiarsi alla parete per non perdere l'equilibrio. Il liquido fumante schizzò letteralmente fuori dal bicchiere e costellò di macchie scure la sciarpa azzurra di Camilla. Seguì un prevedibile trambusto. Il ragazzo confuso si scusava e Camilla, più imbarazzata di lui, cercava di minimizzare. Entrambi però tacquero di colpo sbalorditi di fronte alla reazione di Giorgio: il giovane era furibondo, con le labbra contratte e i pugni chiusi e sibilava: «Ti ammazzerei, cretino! Va' via altrimenti ti ammazzo davvero!». Camilla era profondamente turbata, Giorgio le era sembrato così mite e gentile. Non avrebbe mai sospettato che covasse tanta aggressività gratuita. Intanto, richiamato dal tramestio, era uscito anche il signor Leto che cercò di metter pace. Ma inspiegabilmente ebbe su Giorgio un effetto ancora più scatenante. Il giovane fu estremamente villano e ordinò all'altro in tono perentorio di tornare al suo posto e di non impicciarsi. Camilla non ne poteva veramente più di quel tremendo viaggio, ma si sentiva in dovere di riportare un po' di calma. Convinse il ragazzo dei caffè ad andarsene e fece altrettanto con Leto che era paonazzo di rabbia e di vergogna per l'umiliazione subita. La furia di Giorgio però era già completamente sbollita. Ora guardava Camilla con enorme disagio. «Se ti dico che non ho mai avuto una reazione simile tu non mi credi, vero?» le domandò sconsolato.

Lei cercò di sdrammatizzare: «Volevi ucciderlo veramente?» scherzò. «Avevi gli occhi iniettati di sangue...»

Giorgio si passava nervosamente le dita fra i capelli: «Mi è scoppiato dentro un furore terribile. Certo sproporzionato alla goffaggine di quel povero merlo. Ma... sì, in quel momento gli avrei messo le mani addosso, proprio io che predico la non violenza». Guardò Camilla per capire se gli era ancora amica. Era veramente avvilito per la sua strana reazione. Avvilito e spaventato perché era costretto a constatare di non sapere niente di se stesso e di non essere padrone delle sue emozioni. Chissà che cosa stava pensando di lui quella deliziosa ragazza: certo non poteva credere che non aveva mai aggredito il prossimo per futili motivi. Camilla dal canto suo pensava che quell'increscioso incidente e in generale quel viaggio avevano avuto il merito di farle constatare che non era l'unica ad avere problemi indecifrabili. Se Giorgio diceva che di solito non era violento lei non aveva motivi per non credergli. Ma allora quella crisi di aggressività era stata per così dire una risposta a tutti i pensieri inconsci che lei gli aveva suscitato con la sua crisi di panico.

C'era una forte carica di emotività, ricordò, nella descrizione che le aveva fatto della sua paura dei neonati. Forse era stato proprio quel ricordo a smuovergli qualcosa.

«Forse a furia di parlare di paure ti sei agitato» gli suggerì traducendo cautamente i propri pensieri.

«Io violento?» replicava Giorgio a se stesso. «Io che ho paura persino dei bambini appena nati!»

Camilla fu stupita che dicesse quella frase senza rendersi conto di avere forse visto la luce: stava spiegando in modo lampante causa ed effetto del suo problema. I bambini appena nati sono, come tutti i cuccioli, gli esseri più indifesi e vulnerabili del mondo e sarebbe facilissimo far loro del male. Per questo di fronte a loro, per contrasto, ci si può sentire forti, potenti e aggressivi. Più sono deboli più possono scatenarci dentro la voglia di essere violenti. Camilla era certa che almeno una volta nella vita Giorgio aveva desiderato di uccidere la sorellina e adesso spostava la sua antica paura di nuocerle su altri bambini fragili e inermi.

Ma decise di non parlargliene. Le emozioni di quel viaggio per lei e per i suoi compagni erano già state anche troppe.

Uccelli

Scendeva le scale con passo leggero e si sentiva leggera anche dentro. Dopo un anno di tensioni e di liti Giulia finalmente era pronta. Non era mai stata in tribunale e l'idea di parlare con un giudice la intimidiva un po'. Ma di quella triste vicenda lei era la vittima: il giudice sarebbe stato solidale e paterno. Marina, la sua disinvolta avvocatessa, la prendeva in giro: «Macché paterno!» diceva sbrigativa. «Hai idea di quante separazioni fanno in una mattinata? Sarà quanto di più formale e anonimo tu possa immaginare.»

Non importa, pensava lei ostinata, con me sarà paterno.

Chiunque si sarebbe intenerito per la sua condizione di ragazza madre regolarmente sposata. Brutta storia: un marito che la pianta proprio quando riceve la notizia che nascerà un bambino. Il matrimonio era sembrato felice e senza ombre. Certo, Paolo aveva sempre detto che non voleva figli, ma lei aveva l'intima ed errata certezza che, messo di fronte al fatto compiuto, avrebbe condiviso la sua felicità. Solo che non riusciva a restare incinta. Per cinque anni le sue attese erano state puntualmente deluse, tanto che a un certo punto si era convinta che la sterilità fosse una specie di castigo per la faccia tosta con cui ingannava il marito. «Hai preso la pillola?» le domandava lui ogni santa volta, con la pignoleria di un ragioniere. «Stai tranquillo,» mentiva lei rassicurandolo «è tutto sotto controllo.»

Non che non avesse provato con argomenti più leali. Un figlio in un matrimonio è il completamento dell'amore. Certo, dirlo così era pura retorica, ma lei un bambino lo voleva e imbrogliando Paolo le sembrava di avere la natura dalla sua parte, oltre che di esercitare un diritto fondamentale. Per ben cinque anni, sebbene avesse rapporti non protetti, non era successo mai niente. Forse bisogna davvero volerlo in due, pensava sospirando ogni volta che il mestruo arrivava a toglierle le illusioni. E, suo malgrado, si caricava di risentimento nei confronti del marito che in quei momenti le appariva un mostro di egoismo. «Pensi che un figlio non lo avremo proprio mai?» gli domandava querula di tanto in tanto. «Certo non adesso» rispondeva secco lui e chiudeva la conversazione con la durezza che usava solo in quelle circostanze.

La mattina che aveva ritirato le analisi dal laboratorio era fredda e piovosa. Giulia era uscita presto di casa perché aveva molti appuntamenti di lavoro. Aveva completamente dimenticato la data in cui sarebbero stati pronti i risultati e se ne ricordò all'improvviso nel passare davanti all'istituto. Lasciò l'auto fuori dal parcheggio. «Tanto ci metto solo un minuto» si disse per esorcizzare l'eventualità di una multa. Ma ci aveva messo di più. Ritirata velocemente la busta l'aprì e lesse la diagnosi in ascensore. Dopodiché, come un automa, schiacciò di nuovo il pulsante di salita e tornò in ambulatorio. La ragazza al banco la guardò stupita mentre lei le porgeva il foglio azzurrino. «Sono incinta?» domandò Giulia con voce incerta. L'altra ebbe un attimo di esitazione, non capiva se la donna fosse contenta o disperata. «Le chiamo il dottore» disse a scanso di responsabilità. «No, non importa, grazie» reagì frettolosamente Giulia rendendosi conto all'improvviso di averla messa in imbarazzo. Quella volta non prese l'ascensore. Fece le scale a piedi: si fermava a ogni pianerottolo per rileggere il foglio e lo rimetteva nella busta che richiudeva con pignoleria. Ma al piano seguente non resisteva e riapriva la busta con l'assurdo timore che in quel brevissimo tempo qualcosa fosse cambiato.

Arrivò alla macchina zuppa di pioggia. L'ombrello era rimasto chiuso, lei doveva proteggere la sua preziosa busta con entrambe le mani: non poteva fare altro. Tornò subito a casa e si fece spostare tutti gli appuntamenti. Poi aspettò il marito.

Dapprima Paolo non le credette. Giulia allora gli mostrò il

foglio azzurrino ormai tutto spiegazzato. E lui, quando non ebbe più dubbi, emise il suo verdetto crudele e inappellabile: aborto. L'inutile e doloroso braccio di ferro tra loro durò circa due mesi. Scoppiò l'inferno, intervennero genitori, amici, medici, preti. Paolo fu irremovibile: o l'aborto o la rottura del matrimonio. E Giulia, pur non volendo ammetterlo, sapeva che era molto meglio così.

Ripensando a questo amaro capitolo della sua vita non si era accorta di aver camminato tanto. L'appuntamento con l'avvocato era davanti alla cattedrale e ora Giulia stava percorrendo la breve strada in discesa che costeggia il grande edificio romanico. Fu allora che scorse per terra le piccole chiazze giallastre che indicano la presenza di piccioni nell'aria. Di colpo immaginò tutti quei pennuti in volo sopra la sua testa. E l'invase l'angoscia. Il collo le si irrigidì, non riusciva più a muovere la testa e i suoi occhi atterriti erano inchiodati su quegli schifosi escrementi. Qua e là, vaghe e leggere sulla strada, c'erano anche delle piccole piume sparse che sembravano fremere, quasi volessero riprendere il volo a ogni alito di vento. E questo aumentava a dismisura il suo terrore. Non osava guardare in su, ma certo, pensava tremante, nel cielo sopra di lei i colombi minacciosi e ostili volteggiavano senza sosta. Si sentì piombare nelle tenebre, alzò le braccia a proteggersi e cercò di incassare la testa nelle spalle come una tartaruga. Ora le sembrava di udire distintamente le strida rabbiose degli uccelli e il rumore ritmico delle loro ali che battevano l'aria concitate, arruffate, orribilmente piumose. Il suo cuore pulsava allo stesso ritmo di quelle ali. L'orrore l'invase e più forte le pulsava il sangue più le pareva che in una specie di complice sincronia i pennuti aumentassero la loro velocità. Puntavano su di lei, ne era certa: era inseguita, braccata, non aveva scampo. Non seppe far altro che mettersi a correre, invasa da quell'oscuro terrore. Si scapicollava giù per la discesa, con la testa nascosta fra le braccia. Nella fuga, la borsa che aveva a tracolla le batteva brevi colpi sul fianco, ma Giulia non se ne rendeva conto e attribuiva quelle botte ai primi attacchi diretti dei colombi nemici. Correva cieca di terrore eppure, come in certi incubi, le sembrava di non muoversi affatto come se qualcosa l'incollasse alla via e urtava senza vederli i passanti che si giravano a guardarla stupiti e seccati. Avrebbe anche urlato se le fosse uscita la voce ma, proprio come nei brutti sogni, non poteva chiedere aiuto a nessuno perché le era venuta meno improvvisamente ogni possibilità di pensare e di comunicare.

L'avvocatessa la vide arrivare come un proiettile. Le afferrò le braccia e la costrinse ad abbassarle. Giulia era pallida, scarmigliata e scossa da un invincibile tremito. Ci volle mezz'ora buona per calmarla e farla tornare in sé. Si erano sedute in un bar: «Per fortuna avevamo deciso di vederci con molto anticipo sull'ora dell'udienza» le disse l'altra per rassicurarla e aggiunse: «Rilassati, abbiamo tutto il tempo».

Giulia sorseggiava una camomilla fumante. Si sentiva confusa e piena di paura. «Gli uccelli non mi sono mai piaciuti» disse cercando una spiegazione più per se stessa che per Marina. «Ma altro è un leggero disagio, altro è l'incubo di oggi.»

«Sei tesa» osservò pensierosa l'avvocatessa. «Stai per affrontare una prova impegnativa.» Giulia scosse la testa decisa. «Ma no, non è certo per la separazione... Hai pensato questo?» soggiunse poi, già meno sicura. «Non so...» rispose l'altra preoccupata all'idea di aver detto qualcosa che potesse spaventarla di nuovo. «Mi è solo sembrata una strana coincidenza.»

Giulia stringeva la tazza tra le mani come per riscaldarsi. «Oggi è solo l'ultimo atto» continuò assorta. «Ho avuto momenti terribili quest'anno: disperazione, paura, solitudine. Ma non mi sono mai venute crisi. E poi lo sai che ormai sono rassegnata, anzi sono persino contenta all'idea di separarmi. Ho un bambino stupendo. Non mi serve altro.» Poi, deponendo la tazza, guardò Marina: «Hai mai letto qualcosa di psicanalisi?». E alla muta interrogazione dell'altra continuò: «Io sì, niente di serio, però, solo articoli di giornali femminili. Beh, riderai, ma se non ricordo male gli uccelli per gli psicologi sono equivalenti del pene...». E piantò una mano sulla bocca come se volesse nascondere la risatina scoppiettante che seguì le sue parole.

L'anima femminista di Marina si sentì provocata. «Cazzate!» esplose, con improvvisa durezza. Giulia la guardò stupita, non si aspettava una reazione tanto risentita. «Questa mania di vedere il pene dappertutto è assurda, oltre che superata anche scientificamente», continuò l'«avvocata» con fervore. «Da secoli gli uomini guardano agli uccelli con invidia, con ammirazione e anche con paura. E non certo perché fan venire in mente il pene. Ci sono molte simbologie nel volo di questi animali. Rappresentano la libertà, la leggerezza, la vita e, perché no?, anche la morte.»

«La morte?» si stupì Giulia rabbrividendo.

«Quando ero bambina,» proseguì l'altra discorsiva,« mi impressionava molto l'usanza del mio paese di spalancare porte e finestre nel momento in cui un malato grave spirava. Era per consentire all'anima di volar via in pace. Gli uccelli che si librano leggeri nell'azzurro fanno pensare a un'anima che si stacca dal corpo per raggiungere la sua ignota destinazione.»

«Questo è più poetico di quella scontata banalità dell'uccello come simbolo del pene. Però è più inquietante» sospirò Giulia che continuava a interrogarsi su quanto le era appena accaduto. «Quasi preferisco pensare che il mio attacco di panico sia stato provocato dall'idea di restare senza un uomo...»

«Ma va'» sbuffò Marina con finta impazienza. «Se proprio vuoi saperlo secondo studi recenti gli uccelli sono il simbolo del seno materno. Altro che pene!»

Giulia la guardò scettica. «Sarà perché ci sono più abituata, ma la mia interpretazione, sia pure volgare e maschilista, mi pare francamente più verosimile...»

«E perché? Prova a immaginare i passerotti nel nido tutti protesi verso il becco della madre esattamente come i neonati che si slanciano ad afferrare il capezzolo... Credi a me, l'uccello è molto più tetta che fallo.»

«Vuoi dire che mi sono improvvisamente spaventata della mia maternità solitaria? È questo che mi ha atterrito nel giorno in cui il tribunale sancirà definitivamente la mia condizione di madre senza marito?» Giulia sembrava improvvisamente convinta e sedotta dalla strampalata ipotesi dell'amica.

«Ehi, ehi, vacci piano» si schermì Marina. «Non ho detto niente di simile, anzi, per la verità non ci avevo nemmeno pensato. Adesso che lo dici tu mi sembra un'ipotesi suggestiva... ma niente di più.»

«Però potrebbe essere una spiegazione...» insisté Giulia che ormai sembrava affezionata alla sua intuizione.

«Sì, potrebbe essere l'ipotesi giusta... Questa come chissà quante altre.» L'avvocatessa guardò l'ora e fece un cenno al cameriere. «Adesso dobbiamo proprio andare, non vorrai far innervosire quel tal paterno giudice...» ironizzò alzandosi. Poi, cogliendo l'espressione vagamente delusa di Giulia, si mise di nuovo a sedere.

«Te lo dico io cosa ti ha spaventato stamattina: la tua imminente libertà. Dopo la separazione sarai una donna che non deve render conto a nessuno. Non più ai genitori e non più al marito. Sarai padrona della tua vita ed è questo che ti ha dato un'improvvisa vertigine...»

La sua cliente la guardava a bocca aperta: «Ci credi davvero?» domandò con grande meraviglia.

«Io no,» fece divertita l'avvocatessa «ma se proprio dobbiamo darci un'ipotesi cerchiamo almeno la più favorevole!»

Contatore del gas

Scese dal letto con gesti furtivi. Non infilò le ciabatte per non fare il minimo rumore e si avviò al buio verso la cucina. «Questa è davvero l'ultima volta che lo faccio» si disse per rassicurarsi, e così pensando aprì lo stipetto che conteneva il contatore del gas. La leva era orizzontale. «Dunque è chiuso» pensò con sollievo ritornando verso la camera da letto. Ma fatti pochi passi si fermò ancora. Doveva controllare se ricordava bene... Aprì il cassetto dello scrittoio e ne trasse un quadernetto sgualcito. Nelle prime pagine c'erano dei disegni, le sfogliò con impazienza finché non trovò quello che cercava: lo schizzo del contatore con le due posizioni della leva di alimentazione: verticale e orizzontale. Accanto a ciascun disegno era scritto rispettivamente «aperto» e «chiuso».

Matteo confrontò l'immagine del quaderno con quella reale. Poi ripose i fogli e se ne tornò a letto, certo questa volta di dormire. Ma sapeva di sbagliare. Gli avevano detto tante volte che non bisogna mai cedere a quel genere di dubbi. Ma non gli sembrava ragionevole passare una notte insonne per non scendere dal letto una volta di più. Quanta gente muore per le fughe di gas?

In fondo trovava molto più innocuo il suo ingenuo rituale che l'uso degli psicofarmaci. Chissà perché uno come lui era considerato nella migliore delle ipotesi un po' strano, mentre quelli che ogni sera non riuscivano a dormire senza imbottirsi di pastiglie erano ritenuti normali.

Sua moglie si mosse con impazienza. Anche stavolta l'aveva sentito. Aspettò in silenzio la solita raffica di rabbiose lamentele: «Era chiuso?» si limitò invece a domandargli. Forse non si era svegliata del tutto ma, rifletté Matteo, nemmeno dormendo rinuncia a deridermi. Le rispose, pur sapendo che non lo stava a sentire: «Sì, era chiuso. Ma non potevo esserne sicuro». Negli ultimi tempi Lidia era diventata sempre più insofferente. Matteo aveva l'impressione che l'astio per la sua innocua mania nascondesse in realtà una tensione più profonda che da tempo minava il loro rapporto. Quel che gli faceva più male era che anche la bambina assumeva nei suoi confronti l'atteggiamento a volte ironico e a volte beffardo della madre. Era stata un'imperdonabile leggerezza mettere Lidia al corrente del suo piccolo problema. Ma nei primi tempi del matrimonio il loro accordo era perfetto e per giunta il bisogno di andare a vedere se quella malefica levetta era orizzontale o verticale era molto diminuito. Le poche volte che sentiva l'impulso di farlo, cercava di considerarlo una banale norma di cautela. «Hai spento il gas?» domandava con distacco. E qualsiasi cosa lei gli rispondesse andava a controllare. Non sembrava nemmeno un problema. In seguito lo diventò perché Lidia attribuiva a quelle brevi puntate in cucina la sua latitanza sessuale.

Matteo cercava di convincerla che non poteva esserci nessun rapporto fra le due cose, perché aveva quella bizzarra abitudine fin da bambino quando non aveva nessun debito coniugale da onorare.

In realtà il suo problema era la notte. Già da piccolo aveva molta difficoltà ad affrontare la lunga pausa della vita rappresentata dall'oscurità e dall'obbligo del riposo notturno. Il pensiero di quel che sarebbe potuto accadere alle persone e alle cose familiari mentre dormiva lo riempiva di angoscia. Gli sembrava di non avere nessuna garanzia di continuità: forse mentre non vedeva e non sentiva le persone che gli erano care, la mamma ad esempio, potevano sparire per sempre. A ogni risveglio temeva di trovare tutto cambiato. Non era riuscito a liberarsi completamente dell'ansia notturna nemmeno da grande: era questo il suo problema e non, come ottusamente preferiva pensare sua moglie, la pigrizia sessuale. Spesso aveva avuto modo di constatare che nei periodi di maggiore serenità il suo bisogno di controllare si faceva meno assillante. Era accaduto nella fase felice del suo matrimonio, ma capitava anche quando era in vacanza.

L'indomani si trovarono tutti e tre in cucina per la colazione. La piccola era particolarmente preoccupata. «Papà, mi fai dire la poesia?» Matteo ascoltò serio e attento la breve recita. «Brava,» si complimentò poi «la dici con espressione.» Ma la bambina non era convinta. «Davvero la so bene, papà? Te la posso dire un'altra volta?» Lo fece e non le bastò. Volle essere ascoltata anche dalla mamma. Per la prima volta, con indicibile allarme, Matteo riconobbe nella figlia i suoi stessi tratti ossessivi. Quando restarono soli provò a parlarne con Lidia. «Te ne accorgi adesso?» ribatté lei con acrimonia. «È perfezionista, ansiosa, piena di dubbi e di paure... ha raccolto tutto quello che tu e tua madre avete seminato.»

La sera del venerdì Matteo di solito dormiva solo, Lidia andava in campagna dai suoi genitori con la bambina. Lui le raggiungeva il sabato. Gli piaceva quella inconsueta vacanza, si sentiva più libero e rilassato. Ma quella sera aveva un buon motivo di essere teso e preoccupato. Si mise a letto fermamente deciso a non cedere al suo impulso. L'idea di aver «contagiato» la figlia lo aveva profondamente turbato e doveva farla finita con quella puerile mania. Cominciò ad agitarsi, aveva caldo. Accese la luce e bevve un sorso d'acqua. Poi riprese la sua posizione preferita. Ma non riusciva a dormire. Riaccese la luce, adesso aveva freddo. Si tirò addosso una coperta e cercò di ragionare con calma. «Il gas è spento e lo so benissimo» si ripeté. «È assurdo andare a controllare. Comunque, a costo di passare sveglio tutta la notte, non cederò.» Più cercava di reprimerlo, più l'allarme saliva verso il livello di guardia.

Ma anche supponendo che la levetta non sia nella posizione giusta che cosa potrebbe capitare di così tragico? Potrebbe esserci una fuga di gas, rispondeva la parte più spaventata di lui. È vero e in questo caso morirei nel sonno. Ma sarebbe poi un gran male? si domandò facendo della facile filosofia. In fondo è il modo migliore per morire. Si passa dal sonno all'oblio senza nemmeno accorgersene. Proprio quest'idea, a dispetto delle sue riflessioni sagge e sdrammatizzanti, fece crescere vertiginosamente l'ansia. Adesso era madido di sudore e il sangue in rivolta martellava ogni centimetro della sua pelle. Non si mosse: restò rigido e ansimante al suo posto. Finché un nuovo pensiero lo folgorò: «Ma se io muoio chi vigilerà su quelle due, chi controllerà ogni sera che il gas sia spento?».

Non poteva più esitare. Scese dal letto con uno scatto da atleta. «Non lo fo' per piacer mio...» pensò con ironica condiscendenza cedendo all'attrazione della fatale levetta. Dopo, fatto il gran passo, decise che, avendo ceduto, tanto valeva far le cose con calma. Gli dava un grande senso di libertà l'idea di essere solo in casa e si mise addirittura a sedere davanti al contatore. A tratti allungava la mano verso la leva ma solo per toccarla, per sentirla accessibile e sotto controllo. Restò lì per un pezzo. Poi sentì il sonno appesantirgli le palpebre: era estenuato. Forse il conflitto intimo lo aveva affaticato troppo. Tornò a letto e appena posata la testa sul cuscino piombò in un sonno profondo. Si trovò seduto su un banco in una specie di aula. Era un bambino, ma col suo corpo d'adulto, e guardava spaurito un professore alto e solenne in piedi di fronte a lui che tuonava: «Allora disegnalo, forza, fai un disegno del gas».

Matteo prendeva la matita e cercava di concentrarsi ma scopriva con grande disagio che il gas non si può disegnare. Sentiva che comunque qualcosa doveva pur fare e tracciò sul foglio tanti circoli, uno sull'altro fino a formare una specie di arruffato gomitolo nero. L'insegnante guardò con disprezzo il suo lavoro. «Questo non è il gas!» lo rimproverò. «Questo è il buio!» Matteo si svegliò agitato e intirizzito e controllò l'ora: erano passati poco più di dieci minuti. Pensò con ansia che la notte era ancora lunghissima e intanto continuavano a ronzargli in testa le ultime parole del sogno: «Non è il gas, è il buio!».

Suo padre era sempre stato molto severo con lui, severo proprio come il professore del sogno. Della sua paura della notte non voleva assolutamente sentir parlare e si irritava moltissimo se la mamma, quando andava a dargli la buonanotte, restava in camera sua un po' più a lungo. Matteo ricordava che faceva di tutto per trattenerla, ma dal salotto venivano incalzanti i richiami di suo padre. «Ne farai un rammollito» profetizzava con acredine. «Com'è possibile permettere a un maschietto di aver paura del buio?» Una volta suo padre si era svegliato a metà della notte e passando davanti alla sua camera aveva scoperto la minuscola lampada che la mamma gli aveva messo sul comodino. In pratica era poco più di un giocattolo, uno scoiattolo di peluche che allungava le zampine verso una pigna più grande di lui e proprio nella pigna di panno era nascosto l'interruttore. Matteo aveva preso l'abitudine di dormire con la mano appoggiata sul morbido interruttore e da quel contatto gli veniva un calore protettivo e consolatorio. Fu un inutile sadismo portargli via quel rassicurante animaletto.

Quel remoto episodio gli diede una specie di scossa: di colpo Matteo si rizzò a sedere sul letto: «L'interruttore!» gridò a se stesso. «Tutto è cominciato lì!» Seguì un frenetico accavallarsi di ricordi, un'avida ricerca di particolari anche minimi, tutto per arrivare all'origine della sua assurda dipendenza dal contatore del gas.

E non fu molto difficile: si rese conto, con una sicurezza che lo sorprese, di aver semplicemente spostato il suo bisogno di rassicurarsi dalla pigna di pannolenci al più maschio contatore del gas. Tentò di placarsi, ma la sua mente era come un registratore impazzito che faceva scorrere disordinatamente voci, musiche e rumori. Spense la luce e si costrinse, senza molto successo, a non pensare. Ma proprio quando sembrava che i suoi pensieri avessero allentato l'assedio fu colto da un nuovo terrore. «E se domattina non ricordassi più nulla della mia scoperta di stanotte?» Cercò di convincersi che ormai, raggiunta la consapevolezza, non l'avrebbe più smarrita. Come avrebbe potuto dimenticare?

Ma non trovava pace. Dovette scendere dal letto e prendere carta e penna. Andò alla scrivania, si sedette e cominciò a scrivere:

«La mia paura del gas è cominciata quando mio padre...».

Le piccole cose

Non aspettava un bambino. Questa era una buona notizia, anche se nel riceverla aveva avvertito, remotissimo, un vago accoramento, una fitta di delusione. Di sicuro non poteva permettersi un figlio a quarant'anni, avendone già due quasi adulti, ma a quel punto bisognava capire perché il suo ciclo mestruale si era improvvisamente interrotto. Sempre da remotissimi anditi delle sue viscere le arrivavano nuovi messaggi, questa volta di allarme. «Avrò un brutto male...» pensò, ma come per un riflesso condizionato le sue spalle si sollevarono prima che si accorgesse del suo gesto d'ironica noncuranza. Il medico la rassicurò: «Nessun problema, solo, forse, una menopausa precoce. Non deve preoccuparsi,» aveva soggiunto bonario «esistono ormai molti farmaci sostitutivi degli ormoni che a un certo punto le donne smettono di produrre.»

Silvia però era agitata. Non era un figlio, ed era un bene, non era cancro, ed era anche meglio, ma non si poteva certo dire che la menopausa a meno di quarant'anni fosse una buona novella. «Non sarai più una vera donna» le suggeriva sempre dalle viscere inquiete una voce antica e maligna. La riconosceva: era la voce astiosa di sua madre che non aveva mai approvato la sua voglia di divertirsi e di godere la sua prorompente femminilità. La mamma aveva sempre criticato il suo modo di vivere: non le andava bene niente di lei, dall'abbigliamento al trucco, dalle amicizie agli amori.

Faceva commenti agri e moralistici: «Quella gonna è troppo stretta, quel rossetto troppo volgare». Oppure: «Con chi esci? Ma questo è uno nuovo!». Silvia non aveva mai ceduto anche se faceva fatica a sostenere quella perenne battaglia con la madre.

Era stata una ragazza molto bella e corteggiata. E naturalmente si era chiacchierato a non finire sul numero di fidanzati che aveva avuto prima di sposarsi. Né lei né suo marito avevano dato peso ai pettegolezzi. Erano molto felici e questo bastava. Il suo matrimonio godeva tuttora ottima salute ma, pensava Silvia preoccupata, chissà se questa menopausa cambierà qualcosa in me. Ripensò alla notte precedente: per la prima volta non aveva avuto voglia di far l'amore e aveva attribuito quell'insolito calo del desiderio alla preoccupazione di essere incinta. Invece probabilmente il vero motivo era la menopausa e lei stava per trasformarsi in una donna spenta, frigida e senza desideri com'era stata sua madre. L'idea non le piaceva per niente e tentò di scacciarla con tutte le sue forze.

Nel pomeriggio si mise al lavoro prima del solito.

Le era sempre piaciuto disegnare abiti e forse, se avesse avuto la possibilità di seguire una scuola professionale, sarebbe diventata una brava stilista. Ora si divertiva a fare la sarta: era un gran bel lavoro e lei lo faceva più per passione che per necessità.

Tutto cominciò con il ditale: dove l'aveva messo? Come mai non lo trovava? Le venne il batticuore: doveva assolutamente trovarlo. Spostò uno per uno tutti gli oggetti sul suo tavolo da lavoro, si mise a tastare dappertutto: passando il palmo aperto sulle stoffe le premeva con piccoli scatti del polso. Le dita nervose si insinuavano tra le pieghe dei tessuti, sotto le veline dei modelli, in mezzo alle pagine delle riviste. Cercava ansiosa quel maledetto ditale e i suoi movimenti frenetici rivelavano tutta la sua tensione. Uno strano pensiero le si ingigantiva dentro: se lo avesse ingoiato?

Sapeva che era impossibile, ma non riusciva ugualmente a darsi pace, anzi più cercava di respingere quell'idea assurda, più la gola le si stringeva quasi soffocandola. Cercava di calmarsi con la logica: come potrei aver mandato giù il ditale senza rendermene conto? Ma l'idea, respinta malamente, si ripresentava subito in altra forma: e se invece l'avesse ingoiato qualcun altro? I ragazzi sono così distratti...

Quando, magicamente, il ditale ricomparve – ma come aveva fatto a non vederlo se era proprio sotto i suoi occhi? – si placò.

Lavorò serena fino a sera, anche se sentiva che qualcosa dentro continuava a tenerla in allarme.

A cena i ragazzi erano più rumorosi e invadenti del solito, ma Silvia non ne era infastidita. «Oh Dio!» esclamò il maggiore quando lei annunciò che forse stava entrando in menopausa. «Cosa combinerai con tutta la pazzia che ti prenderà?» Lei rise divertita mentre i figli e il marito facevano commenti sempre più grevi sulla recente diagnosi. D'un tratto il suo sguardo si posò sulla bottiglia dell'acqua minerale: dov'era il tappo? In lei scattò un nuovo allarme. Costrinse tutti ad alzarsi, a sollevare piatti e tovaglioli, a guardarsi addosso. Il coperchietto fu trovato quasi subito, ma tutti si accorsero del grande turbamento che l'aveva invasa e se ne stupirono. Nei giorni seguenti andò sempre peggio. Si moltiplicò il numero delle cose piccine che le facevano paura. E sistematicamente scomparvero da casa tutti gli oggetti che, per le loro piccole dimensioni, si potevano ingoiare. L'intero gruppo familiare dovette abituarsi a una serie di rinunce. Le lamette, i temperini, le graffette di ogni forma e dimensione furono banditi. Silvia dovette persino smettere di lavorare perché gli aghi erano diventati per lei un'intollerabile minaccia. All'inizio sia il marito sia i figli la circondarono di amorevole comprensione. Ma i loro continui appelli alla logica cadevano nel vuoto. Silvia non riusciva a convincerli che la sua paura non si poteva scacciare né con il ragionamento né con la buona volontà. Tutti si ostinavano a farle dei bei discorsi convincenti e rassicuranti per poi mostrarsi irritati e offesi quando si rendevano conto di non aver ottenuto nulla.

A poco a poco alla loro disponibilità iniziale sopravvennero l'intolleranza e il fastidio. Ormai Silvia non poteva più parlare della sua paura e le spasmodiche ricerche degli oggetti piccoli e minacciosi doveva farle di nascosto, cosa che rendeva ancora più penosa la sua situazione. Sul suo strano sintomo era caduto il silenzio. Nessuno in famiglia era più disposto ad ascoltarla e tanto meno ad assecondare le sue improvvise fantasie di soffocamento. È un castigo, pensava lei, è una vendetta perché non ho voluto capire quanto si può soffrire in menopausa. Per sua madre la crisi dei cinquant'anni era stata un passaggio drammatico, terribile. Era depressa e cupa, piangeva continuamente e il suo futuro e quello degli altri le sembravano carichi di oscuri presagi. Silvia non sopportava le sue continue lamentele, le richieste lacrimose, gli insistenti ricatti affettivi. Ma soprattutto era seccata dalla passività con cui la mamma affrontava i suoi disturbi. Ormai dipendeva completamente dai farmaci. Si imbottiva di medicine che le toglievano ogni barlume di lucidità e le spegnevano l'intelligenza. Ingoiava manciate di pastiglie: per dormire, per non deprimersi, per restare calma, per prevenire l'artrosi, per non ingrassare: pillole, pillole, e pillole. Una volta o l'altra, pensava Silvia, resterà soffocata. La mamma vagava per casa, sciatta, querula e ottusa e, guardandola, lei giurava a se stessa che non si sarebbe mai ridotta in quello stato. Invece la menopausa le era arrivata persino in anticipo e rischiava di ridurla anche peggio di sua madre.

Un giorno Fabio, il secondogenito, portò a casa Lella, la sua ragazza. Silvia aveva molta simpatia per lei e fu contentissima di vederla. Ma non fece in tempo a dimostrarlo perché si accorse che Lella aveva in mano un portachiavi fatto come una minuscola bottiglia di Coca-cola e fu travolta dall'ansia che Fabio o la ragazza potessero ingoiarlo. «Dammi quel portachiavi» ordinò imperiosa a Lella che la guardava stupita. «Lo terrò io finché non ve ne andate» insisté vedendo che la ragazza esitava. Per tutto il tempo della visita i ragazzi videro Silvia stringere spasmodicamente il portachiavi e controllare a brevi intervalli di averlo davvero in mano. Per giunta contava le chiavi a ogni istante per accertarsi che nessuna fosse andata persa. La sera stessa, dopo aver riaccompagnato Lella a casa, Fabio le fece una violenta scenata. «Piantala con questa storia, ma'! Non ne posso più!» Lei ricordò tutte le volte che aveva detto le stesse parole a sua madre e tuttavia preferì pensare che suo figlio era furioso perché l'aveva messo in imbarazzo di fronte a Lella. Fabio si era vergognato di lei. Cercò ugualmente di difendersi, invocò ancora comprensione: «Ho avuto paura per te, ho paura che tu possa finire soffocato». Ma il ragazzo non si lasciò commuovere. «Soffocherò mamma, ma per causa tua: sei tu che mi opprimi e mi strangoli. Guarda come hai ridotto noi due e papà» continuò furibondo. Come li aveva ridotti? A Silvia sembrava di essere la sola a soffrire e non aveva mai pensato che il suo angosciante malessere potesse pesare tanto anche al marito e ai figli. Certo, aveva avvertito la loro crescente insofferenza, ma non si era accorta che anche loro stavano male. Il suo tormento era tanto acuto da non permetterle di occuparsi d'altro. Quella sera pianse di nascosto tutte le sue lacrime. Il giorno dopo si sentì meglio. Fabio le portò il caffè a letto, un evento del tutto eccezionale. Silvia riuscì a scherzarci sopra con l'implicita intenzione di far capire al figlio che aveva perdonato tutte le cattiverie che le aveva detto la sera prima. Il ragazzo però voleva rassicurazioni più dirette. «Sei arrabbiata con me?» domandò con finta ironia. Poi assunse un tono predicatorio. «Anche nella favola della bella addormentata fanno sparire tutti i fusi del reame, ma la principessa riesce ugualmente a trovare quello con cui pungersi. Hai capito, ma'?» Il tono professorale lo rendeva buffo come un bambino che si traveste da adulto. Risero divertiti entrambi.

Come per magia riapparvero i piccoli oggetti scomparsi. Sulla mensolina del bagno fecero la loro comparsa due lamette. In cucina rispuntarono gli accessori del frullatore. In camera da letto tornarono i flaconi del profumo e del dopobarba che erano stati messi al bando per via dei loro microscopici tappi.

Silvia si sentiva intontita e torpida. Continuava ad aver paura di tutte quelle piccole cose, ma la loro vista non scatenava più il suo terrore. Riusciva a dominarsi e persino a convincersi che nessuno avrebbe portato alla bocca quelli che continuava a vedere come subdoli veicoli di morte. O era merito delle fatidiche pillole antimenopausa che aveva tanto temuto quando le prendeva sua madre?

Man mano che passavano le settimane il suo umore migliorava e di conseguenza anche il clima familiare. Una sera, mentre pensava di non essere udito, Fabio disse al fratello: «L'ho rimessa io in carreggiata, la mamma. Papà è troppo debole con lei, ma io ho fatto il duro e... hai visto che risultato?».

Silvia sorrise. Che tenerezza il suo bambino che giocava a fare il grande! Gli lascerò credere che mi ha davvero guarita lui, pensò condiscendente. Poi prese la scatola delle medicine e lesse per l'ennesima volta il foglietto illustrativo che elencava i sintomi curati da quel farmaco. Tutti i disturbi collegati alla menopausa, comprese le alterazioni del carattere e dell'umore. Continuò a sorridere mentre si applicava sul ventre il cerotto imbevuto di ormoni, ultimo ritrovato della scienza contro le crisi delle signore di mezza età. Pensò che, come per una sorta d'incantesimo, durante la notte il suo corpo avrebbe assorbito attraverso la pelle la miracolosa medicina che aveva attenuato e poi messo in fuga le sue pericolose paure.

Fabio ci resterebbe malissimo, si ripeté sorridendo, se gli dicessi che sono stata meglio dopo aver iniziato la cosiddetta terapia alternativa. E un altro pensiero la sfiorò: suo figlio quella sera era stato drammaticamente severo. Grazie alla sua sfuriata aveva colto i tratti egocentrici del suo malessere. Chi poteva affermare con certezza che la sua guarigione era dovuta agli ormoni?

L'ombelico

La gente che vede le mie fotografie sui giornali non può immaginare la fatica che costa a me e alle mie colleghe posare per i servizi di moda. Il lavoro della top model è senz'altro uno dei più ambiti dalle ragazze della mia età e io sono molto contenta di farlo, e con successo. Forse è l'unico che so fare anche se, in fondo, non ho grandi meriti personali. Non ho fatto niente per essere bella e per avere un corpo quasi perfetto. Faccio invece molto, moltissimo per mantenere e proteggere la mia bellezza. Diete ferree, ginnastica, massaggi. Mi sacrifico, ma non mi costa troppo: chiunque voglia conservare un lavoro è costretto a impegnarsi a fondo. E il mio è un lavoro come gli altri.

Il corpo per me è fonte di soddisfazione, di guadagni, di piacevoli apprezzamenti. Merita quindi ogni attenzione e il massimo della cura. Ma non mi ripaga, anzi, mi causa angoscia e paura. Non perché io tema, come pure sarebbe normale, di veder sfiorire la mia bellezza e di perdere quindi lavoro e successo ma perché mi fa paura. Mi perseguita l'idea di poter gestire, in realtà, solo la superficie del mio essere. Quello che si vede di me, che viene massaggiato, vestito, fotografato è l'esterno del mio corpo. Ma come sono fatta dentro? Difficile non essere assaliti dall'orrore pensando alla massa sanguinolenta delle viscere che pulsano scivolose e vive, indifferenti a tutto ciò che appare quando mi guardo allo specchio. La gente si comporta come se all'interno avesse una scatola vuota e muta di sensazioni. Oppure, al contrario, vive come se avesse dentro una massa compatta, un tutto-pieno statico e amorfo. Io invece sono presa da una profonda angoscia quando penso che in me ci sono anche dei vuoti. Sì dei vuoti, delle cavità buie e ostili dentro le quali si può annidare qualsiasi minaccia. Di questi buchi neri conosco l'esistenza, ma non posso assolutamente vedere e controllare quel che nascondono. L'utero è uno di loro, ma anche lo stomaco e il cuore sono ugualmente cavi e spaventosi. A volte mi sembra incredibile che la parola «ventricolo» non susciti negli altri la stessa atterrita ripugnanza che provoca in me, eppure questo termine contiene già nel suono qualcosa di spregiativo. Non si dice forse omuncolo, quando si vuole definire una persona meschina, contorta e vagamente iettatoria? Quel che mi fa più paura è l'idea che mentre vivo tranquillamente la mia vita di ragazza bella e ammirata, l'altro mio corpo, invisibile e potente, ha una sua vita parallela e autonoma. A volte mi domando se in questi miei incubi corporei non ci sia un residuo delle mie paure di bambina. Mia nonna, che era austera e severissima, non dimenticava mai la sera, quando le davamo la buonanotte, di ricordare a me e alle mie sorelle di non guardarci allo specchio: «Chi si specchia di sera vede il diavolo» ammoniva convinta, e io che ero molto piccola passavo davanti alla specchiera col terrore di posarvi inavvertitamente lo sguardo. E di giorno lo specchio, che pure era il mio grande seduttore, conservava per me le sue potenzialità minacciose.

Gli altri non immaginano nemmeno le mie tormentose elucubrazioni. Tutti gli assurdi rituali che compio per difendermi dalle mie ansie o non li notano o li interpretano come vezzi di una bella donna capricciosa. Io non ho mai accettato, ad esempio, di fare servizi fotografici per costumi da bagno. Su questa mia incomprensibile ostinazione naturalmente ho sentito le ipotesi più strampalate: qualcuno mi attribuisce una specie di misticismo, una ferrea regola morale che mi vieta di posare in abiti succinti. Altri, più malignamente, immaginano che io abbia qualche imperfezione che preferisco nascondere. Quest'ultima ipotesi in realtà è molto vicina al vero. Ho davvero una grave imperfezione che non voglio mostrare agli altri, ma soprattutto a me stessa. Non voglio correre il rischio, guardando le mie foto, di trovarmi di fronte, in una prospettiva diversa da quella da cui lo vedo di solito, il mio ombelico. Questo finto buco, grinzoso e ambiguo, per me è una specie di pulsante dell'angoscia. Se per un'intera giornata sono riuscita a non pensare al mio oscuro «di dentro», basta che mi capiti di vedermi di sfuggita l'ombelico per sentirmi immediatamente collegata al palpitare segreto e inquietante che alberga dentro – o contro? – di me.

Tutto il mio senso del pudore lo esercito sull'ombelico, che mi sembra la parte più oscena e impresentabile del corpo umano. Per nasconderlo anche a me stessa mi servo delle piccole bende autoadesive che, di solito, si usano in chirurgia. In ogni occasione: sotto la doccia, nel bagno, durante i massaggi, faccio sempre in modo che il laido buco della pancia sia rigorosamente coperto. Ma non è sempre agevole nascondere l'ombelico. Con gli uomini ultimamente è diventato un autentico problema. Le prime volte non ci sono complicazioni. Nessuno mette in dubbio la mia necessità di tenere un cerotto su un fantomatico foruncolo inventato lì per lì. Ma se la storia dura un po', le cose si complicano. «Ancora quel brutto cerotto?» mi ha domandato Gigi dopo quasi un mese di rapporti intensi e gratificanti, almeno per lui. Forse a furia di ripeterle, le mie spiegazioni si sono logorate e sono diventate poco credibili. Certo che la storia del cerotto per lui era diventata una specie di ossessione. «Ma perché non posso vedere questo benedetto foruncolo?» domandava stizzoso e aggiungeva senza rendersi conto del ridicolo: «Sai che amo ogni cosa di te... Voglio vederti tutta».

Di Gigi credevo davvero di essere innamorata ma, per quanto incredibile possa sembrare, l'ho lasciato per colpa dell'ombelico. Per lui togliermi quel cerotto sembrava diventato più importante di far l'amore. Non c'era nulla che desiderasse di più. Era come se, tanto per confermare tutti i miei timori, l'ombelico fosse diventato un'attrattiva erotica per conto suo, indipendente da me e dai miei desideri.

Ho cercato in tutti i modi di dissuadere Gigi da quella smania autodistruttiva. Gli spiegavo che la sua insistenza mi metteva a disagio e che impuntandosi come un marmocchio su una sciocchezza mi spoetizzava. Ma non c'era verso.

Per dargli la prova che non volevo nascondergli nulla di me

gli ho confidato l'altro mio segreto. Non avevo mai rivelato a nessuno di essere frigida e di non provare nulla durante i rapporti sessuali, per quanto intensi e partecipati. Credevo con questo di rassicurarlo e di dargli prova del mio amore. Ma è stato uno sforzo inutile. Dopo un'attenta riflessione Gigi si è convinto che la mia frigidità era focalizzata su quell'assurdo cerotto. Se io l'avessi tolto, ne era sicurissimo, avrei conosciuto la libertà del corpo e dello spirito e avrei finalmente raggiunto la pienezza sessuale. L'ho lasciato perché era ridicolo, oltre che testardo. Ora sono di nuovo sola e voglio che passi molto tempo prima di affrontare con altri lo scottante argomento dello scoprimento dell'ombelico.

Ma in una cosa forse Gigi aveva ragione, nel potere magico del cerotto. Gran parte della mia tranquillità risiede davvero lì. Non è piacevole pensare che il mio equilibrio dipende da un quadratino di tela. Molte altre cose della mia vita dipendono dagli oggetti: i trucchi, le creme, gli abiti, gli accessori sono feticci generalmente accettati e riconosciuti. Solo che io mi permetto il lusso di avere un feticcio personale di cui io sola conosco il potere. Ogni volta che faccio la valigia provvedo per prima cosa alla scorta di cerotti e anche a una spugnetta legata a un lungo bastoncino d'osso: lo strumento rudimentale che mi consente di provvedere all'igiene di quell'osceno buco senza vederlo o toccarlo. E non mi sento meno libera per questo.

L'unica che conosce il mio problema è mia madre, ma anche lei non sembra capire granché. Quando vado a trovarla non fa che sospirare. Di gioia – dice – e di consolazione. «Quando ti vedo così bella,» si compiace «non mi pare vero che tu non porti nessun segno del periodo dell'ospedale. È stato terribile, ricordi?» Si riferisce al fatto che da piccola sono stata molto malata. Per due anni sono rimasta in ospedale per via di un'enterocolite che per poco non mi uccideva. Ero molto piccola eppure ricordo perfettamente le sensazioni di allora. Mi venivano coliche improvvise e dolorosissime che mi lasciavano scossa e spaventata. Non sapevo bene che cosa fosse il dolore e soprattutto non capivo che una colica finisce. Ogni volta sembrava che quel male tremendo sarebbe durato per sempre. E poi c'era la paura dei medici, il disgusto delle medicine, la sofferenza delle terapie, oltre naturalmente alla solitudine e al senso di privazione della mamma. Avevo appena tre anni e sono rimasta lì dentro, a parte brevi ritorni a casa, finché non ne ho avuti cinque. Il mio corpo adesso cerca di risarcirmi: sono davvero molto bella. Ma non m'inganna, so che cosa nasconde. Mi basta guardarmi l'ombelico per esserne certa.

Sarei certo più felice se non fossi perseguitata dall'idea che dentro di me turbinano i gorghi di orrore. Ma, nella mia provvidenziale presunzione, a volte mi capita di pensare che sono l'unica depositaria di una verità essenziale. Tutti vivono ciecamente, senza mai pensare a quel che succede nel loro corpo segreto mentre a me, come a Cassandra, è toccata la sorte gloriosa di sapere e capire ciò che agli altri è negato... A meno che io non sia una povera nevrotica incapace di vivere in modo equilibrato e normale. Forse la mia paura è legata solo al grande contrasto che c'è tra la bellezza del mio corpo e la disgustosa bruttezza del suo interno. Invecchiando diventerò meno bella e forse riuscirò a ricomporre il disaccordo perenne fra quello che appare e quello che è.

Luccio Malagiggio

Da mesi avevo stabilito di andare dalla nonna per il suo compleanno. Torno sempre volentieri al mio paese d'origine dove nonna Ida ha deciso di fermarsi, sorda alle lusinghe di tutti noi per convincerla a seguirci in città. E ha fatto bene a restare perché, penso ora, questo mi consente di tanto in tanto di tornare alle incantate emozioni dell'infanzia.

Stamattina stavo per uscire e sentendo squillare il telefono ho avuto la tentazione di non rispondere. Il solito presentimento inascoltato.

«Pronto, Daniela?» quella voce mi paralizza sempre. È il caporedattore del giornale dove lavoro, un uomo severo ma non particolarmente minaccioso. Senza un motivo comprensibile provo un autentico terrore di lui e adesso, sentendolo al telefono, mi prende il solito misterioso panico. Intanto lui continua: «Scusa se ti chiamo così presto, ma voglio distribuire il lavoro prima della riunione». Io non riesco ad aprir bocca. Dovrei fermarlo adesso, spiegargli che oggi è il mio giorno di riposo e che sto partendo perché mia nonna compie gli anni. Ma sono diventata di colpo afona, un odioso tremito mi si trasmette dalle mani a tutto il corpo. Posso solo sperare che lui non s'interroghi sul mio ostinato mutismo. «Mi serve un ampio servizio sulle paure dei bambini» mi comunica il capo. «Sai la polemica che ha scatenato quella maestra pazza che raccontava ai suoi scolari storie di streghe e di morti. Dobbiamo riprendere la notizia...» La proposta mi sembra interessante. Ma io ho altri programmi. Non posso deludere la nonna che si prepara da settimane per la festa.

«Devi dirglielo, ora, subito» penso afflitta, ma so che non ci riuscirò, e mi detesto per la mia assurda passività. E anche ammesso che la mia voce rinunci alla sua vile latitanza, che gli dico? Che devo andare dalla nonna come Cappuccetto Rosso? Intanto il mio temibile capo, che non è neppure sfiorato dall'idea che io gli possa dire di no, mi tempesta di ordini: «Fammi sette, otto cartelle, anche di più se trovi qualcosa d'interessante». Quando la penosa telefonata termina mi sento oppressa da un macigno d'infelicità. Perché quell'uomo, che è stato sempre formalmente gentile con me, deve scatenarmi ogni volta queste ridicole crisi? Non ho nulla da temere da lui, faccio il mio lavoro meglio che posso e credo che mi apprezzi. Eppure non riesco a parlargli in modo normale, ogni volta che lo vedo provo un senso di raggelante inferiorità. Farfuglio, mi confondo e se solo posso farlo senza che se ne accorga, svicolo e mi defilo. Adesso, grazie alla mia stupidità, devo dare una tremenda delusione a nonna Ida.

«Lo farai benissimo quell'articolo» mi rassicura invece lei serafica quando le dò la notizia col cuore nei calcagni. «Ti ricordi come ti terrorizzava, da piccola, quel poveretto di Luccio Malagiggio?»

Le sue parole gettano una luce improvvisa su un ricordo lontano, dimenticato. Fanno irruzione dentro di me immagini di antiche paure: un uomo cupo, alto e imponente, con una gamba sola. Camminava dritto e rigido, muovendo a forbice le grosse stampelle di legno, con un gesto automatico, sempre quello. Era proprio la sua meccanicità da automa a comunicarci un acuto senso di sgomento. Nella controra assolata, il suo passaggio preannunciato dai colpi secchi delle grucce sull'acciottolato spingeva me e mio fratello a stringerci in un abbraccio convulso col cuore in tumulto e la gola asciutta.

«Luccio? Ma è ancora vivo?» domando stupita.

«Come no? È molto più giovane di me!» ride lei divertita. Senza rendersene conto nonna Ida mi sta suggerendo un modo per conciliare le esigenze di lavoro e la mia gran voglia di andare a trovarla. Mi viene un'idea stupenda. Ma ho bisogno dell'o.k. del mio capo.

Ora non ho scuse, devo chiamarlo e fargli la mia proposta.

Prendo il telefono e comincio a fare il numero, ma al primo squillo riattacco precipitosamente.

Devo preparare una frase secca, una richiesta precisa che non esiga lunghi discorsi. Riprovo e mi constringo a restare in linea in attesa del suo imperioso «Pronto?».

«Daniele,» dico tutto d'un fiato «va bene se intervisto uno spaventa-bambini?» È fatta, ora devo solo spiegarmi meglio. «Di solito nessuno pensa a intervistare questi strani personaggi.»

«Chissà se ne esistono ancora» esita lui dall'altro capo del filo, ma capisco che è interessato. «Se riesci a trovarne uno...»

Altro che! Non so se mi sento così festosa perché ho salvato la mia visita alla nonna o perché ho vinto brillantemente la mia assurda paura. Prima di partire richiamo la nonna e lei, felicissima di avermi indirettamente suggerito l'idea giusta, ride cone una bambina: «Un'intervista a Luccio Malagiggio? Ma brava!». Poi dandosi un po' d'importanza aggiunge: «Gli parlo io, sta' tranquilla...».

Succede così nei piccoli centri. Anche se scrivo sui giornali rimango sempre la nipote della Ida.

Lo spauracchio locale mi accoglie con grande cordialità. Sono io la più emozionata: in me si risvegliano tutte le antiche inquietudini e mi dà una strana agitazione l'idea di essere diventata così grande da poter interrogare senza batter ciglio l'uomo di tutte le paure. Sono un po' delusa nel trovarmi davanti una persona tanto normale. Luccio mi fa accomodare in un tinello in cui ristagna un odore paesano di pietanze dai sapori robusti. Ma forse è solo la mia fantasia. È diventato tutto grigio e deve esser questo che gli ha addolcito l'espressione. Solo gli occhi nerissimi e scintillanti possono ancora causare qualche vago allarme. Mi sorride con una sorta di timidezza, ma l'espressione è velata di bonaria ironia. Dov'è finito l'orco che animava le favole della mia infanzia?

Avrei voglia di domandarglielo, ma non è facile ricordare a qualcuno di essere stato il babau per i bambini di un intero paese. È lui a togliermi d'impaccio: «La Daniela... ma guarda! Sei diventata importante, eh? Eri alta così quando avevi paura di Luccio». Io gli sorrido, ha una voce profonda e gentile. Non l'avevo mai sentita perché bastava il suo aspetto a metterci in fuga.

«Ti vedevo, sai, nascosta dietro l'oleandro del terrazzino con tuo fratello» continua lui. «Eravate lì tutti i pomeriggi, mi aspettavate come se ci fossimo dati appuntamento e mi divertivo a vedervi spiare giù e poi scappar via a gambe levate. A volte facevo anche un verso con la bocca, una specie di sibilo acuto che rendeva ancora più spaventoso il mio passaggio.»

M'impressiona, oggi per allora, il sadismo di Luccio, perché il suo verso, lo ricordo benissimo, faceva veramente paura. Era un suono stranissimo, non si poteva confondere con nient'altro e poteva venire solo da lui, dall'uomo nero, come un segno particolare, un raggelante annuncio della sua presenza.

Non avrei mai immaginato di trovarmi un giorno a parlare a tu per tu con il terribile protagonista di quei pomeriggi lontani. Era proprio vero: io e Claudio lo aspettavamo sempre più eccitati. Accadeva d'estate, mentre gli adulti facevano il pisolino. C'era un'atmosfera un po' irreale, un senso di tempo sospeso, nella pausa «vuota» della giornata ed era questo forse a rendere tanto speciali le lunghe ore pomeridiane. Noi stavamo al balcone e a poco a poco cominciavamo ad aspettare Luccio per misurarci con la paura. Ogni tanto avevamo un'impennata di audacia: «Appena arriva ci mettiamo a gridare forte forte: Luccione Malagiggione!». Chissà perché, pensavamo che quell'accrescitivo fosse un'offesa enorme, insostenibile e gridarglielo doveva essere una specie di rivincita per il terrore che ci metteva addosso. Ma non riuscimmo mai a farlo: ci bastava udire, lontanissimo, il suo fischio sottile, prolungato, per essere presi da uno spavento raggelante e ammutolire di colpo.

La rinnovata emozione di quel ricordo mi costringe a guardarlo meglio, come per sincerarmi che non è più pericoloso.

«Ma non ti dispiaceva di fare una parte così ingrata?» gli domando, ricordando che, dopo tutto, sono lì per un'intervista.

«In principio quasi non me ne accorgevo. Avevo un altro

problema: mi pareva che tutti dovessero deridermi per la mia disgrazia. Ero tornato al paese dopo mesi di ospedale e mi vergognavo a morte di andare in giro così mutilato. Restai chiuso in casa per settimane. Mia madre si disperava, perché i medici le avevano detto che dovevo muovermi, riprendere una vita normale. E che potevo anche tornare a lavorare dal fornaio, perché ormai mi muovevo abbastanza bene con le stampelle. Avevamo bisogno di soldi in famiglia e non potevo permettermi di stare con le mani in mano. Io però continuavo a sentirmi instabile come un birillo sulla mia unica gamba. Questa insicurezza, considerata normale per i primi tempi, diventò una specie di blocco, una paralisi che mi avrebbe inchiodato in casa se mia madre, con la sua intransigenza, non mi avesse buttato fuori dalla porta ogni giorno. Me lo ricordo ancora il panico che mi prendeva quando dovevo mettermi in strada solo, con tutti gli occhi addosso... o almeno così mi pareva. Un giorno, mentre scendevo in piazza tutto traballante, sentii un ragazzino arrivare di corsa alle mie spalle. Immaginai, non so perché, che puntasse su di me per investirmi e farmi cadere. Mi bloccai con tutti i muscoli contratti in attesa dell'urto. Ma il ragazzino saettò via senza nemmeno accorgersi di me. Da allora mi perseguitò la paura che i monelli del vicinato potessero farmi del male. Mi bastava vederne uno da lontano, per esser paralizzato dall'angoscia. La paura si faceva ogni giorno più forte. A poco a poco, anche se non li vedevo, continuavo a pensare ai ragazzi come a una minaccia. Mi sentivo sempre in pericolo. A quel tempo di bambini ce n'erano tanti e il vicolo era sempre pieno di voci e di giochi. Per me era un'angoscia continua, una specie di idea fissa che mi angustiava.»

Lo ascolto sbigottita. La realtà che avevo conosciuto fino a quel momento sta subendo una paradossale metamorfosi. Chi ha paura di chi? Mi sfiora per un attimo il ricordo del mio rapporto con il caposervizio. Ma non è il momento di pensare a me stessa. Cerco di formulare una domanda comprensibile: «E poi com'è andata?» arrischio. «Perché a un certo punto sono stati i bambini ad avere paura di te?»

«Vicino a casa mia c'era una famiglia con un marmocchio capriccioso che piangeva sempre. La piantava solo se mi vedeva passare. Forse gli faceva impressione la mia gamba mozza, non so. Fatto sta che sua madre cominciò a servirsi di me per quietarlo: "Se non fai il bravo chiamo Luccio!" gli diceva come se fosse una minaccia. E lui smetteva immediatamente di frignare. La voce si sparse e, una dopo l'altra, anche altre donne cominciarono a tenere in riga i figli usando il mio nome. Poi a qualcuno venne in mente di trasformare il mio cognome da Malaggi a Malagiggio. Faceva più effetto.»

«E così hai smesso di aver paura dei ragazzi?» gli domando affascinata dalla strana vicenda.

«Nient'affatto!» replica lui. «Ho continuato a temerli come prima. Solo che, sapendo di terrorizzarli, ero certo che sarebbero stati alla larga da me. Non rappresentavano più un pericolo diretto. Il fischio che mi ero inventato mi serviva per far sapere che stavo arrivando, così loro facevano in tempo a scappare, a nascondersi e io potevo passare senza pericoli.»

D'un tratto mi rendo conto che non sarà facile scrivere un pezzo sulle paure dei bambini con il materiale che mi ha fornito Malagiggio. Quando torno da nonna Ida, lei, curiosissima, mi tempesta di domande.

Le parlo di quello che ho appena saputo, ma lei non sembra granché stupita. «È sempre così,» dice «in queste cose non si sa mai chi spaventa e chi è spaventato.»

Sembra che gli anni abbiano portato via, uno dopo l'altro, tutti i difetti della nonna e col passar del tempo lei diventi sempre più saggia. «Ma tu te l'immaginavi che Luccio avesse paura dei ragazzini?» insisto per avere altre spiegazioni.

La nonna si stringe nelle spalle. «Si dicevano tante cose in paese... Già prima che lui avesse quell'atroce disgrazia le mamme mettevano in guardia i bambini. I maschietti specialmente.»

Di colpo mi si presenta un'altra ipotesi. «Come, i maschietti?» Nonna Ida si acciglia e mi guarda con insolita diffidenza. «Non è che parlerai male di Luccio nel tuo articolo?»

Cerco di rassicurarla in tutti i modi, ma insisto: «Perché i maschietti?».

Lei sorride: «Perché erano quelli che potevano uscire. Le femminucce a quei tempi le tenevano in casa!».

Eccomi servita. Ho pensato male io o è lei che si è lasciata sfuggire un segreto che non voleva rivelare? Dalla nonna non riesco a cavare una parola di più.

Quando mi metto a scrivere sono confusa e turbata. Il foglio mi rimane davanti, bianco, freddo e indifferente alle mie ansie. E inevitabilmente mi torna il pensiero della mia personale paura. Provo ad applicare al mio caso la «legge del Malagiggio». E scopro che sì, non sarebbe poi tanto strano che fosse il mio inquietante capo ad aver paura di me. In redazione avevo raccolto molte voci su di lui. Si diceva che fosse troppo sensibile al fascino femminile e che la moglie lo aveva lasciato perché più di una volta l'aveva colto in flagrante. E proprio nel periodo in cui ero arrivata al giornale godevo di un'indesiderata popolarità. Ero diventata famosa perché avevo denunciato un collega al sindacato. Per molestie sessuali. Dunque non è così peregrina l'idea che lui mi possa temere. Ma io perché ne ho paura come di una specie di Malagiggio per adulti?

Parolacce in chiesa

Sono rimasto l'unico scapolo in un vasto giro di amici, parenti e conoscenti. Ma questa condizione è continuamente e pericolosamente insidiata. Forse la mia libertà suscita un'inconsapevole invidia oppure la gente si è arbitrariamente convinta che in fondo devo essere un po' infelice. Certo che a tutti, almeno una volta, è venuta in mente una brava ragazza che sembra fatta apposta per me. E quelli che non si sentono particolarmente impegnati nel cercarmi una moglie, mi considerano comunque un candidato perfetto per fare da testimone alle nozze dei figli o da padrino a battesimi e cresime dei nipotini. Non riesco a capire perché.

«È che hai più disponibilità economiche» dice mia madre. «Puoi fare dei regali più belli.» Ma questa spiegazione non mi sembra attendibile. La mamma invecchiando ha ristretto moltissimo i confini del suo mondo: adesso vanno dalla tasca al borsellino e viceversa.

Non è che mi dispiaccia la veste di prestigio e di autorità che mi viene indirettamente attribuita da queste richieste. In più i matrimoni degli altri mi fanno lo stesso euforico effetto che fanno ai vecchietti i necrologi dei coetanei quando pensano: «Anche stavolta è toccata a un altro». In fondo essere scelto fra tanti è un modo per sentirsi al centro dell'attenzione e soddisfa il mio infantile narcisismo. Il problema è che battesimi, cresime e matrimoni richiedono di solito cerimonie religiose e che queste si svolgono in chiesa.

Io ho paura di andare in chiesa. Ecco. A volte mi viene l'assurdo sospetto che un genio maligno abbia raccontato a tutti la mia paura segreta e che per sottopormi a una specie di terapia d'urto tutti mi vogliano dare un posto di spicco nelle loro feste familiari.

Il mese prossimo si sposa Francesca. È mia cugina e io le sono sinceramente affezionato. Quando era piccola non andava a dormire se non le cantavo nel mio improbabile inglese le canzoni dei Beatles. Mi gratificava molto quella bambinetta che stravedeva per me e mi faceva sentire importante e desiderato. Anche dopo aver smesso di cantarle la ninna nanna le sono rimasto legato e lei mi ha spesso interpellato per consigli, confidenze e prestiti. Era inevitabile che sposandosi mi scegliesse come testimone. Impossibile sottrarsi. Ma più la data si avvicina più ho voglia di scappare all'estero. Non è che non possa proprio entrare in chiesa. È che, quando ci sono, mi prendono i sudori freddi, la tachicardia e tutti gli scomodi effetti collaterali elencati dai foglietti dei tranquillanti, ivi compresa la secchezza delle fauci.

Il perché non riesco a capirlo, ma dopo un po' che sono lì, proprio quando la cerimonia giunge al culmine della solennità, mi assale il terrore di comportarmi male, anzi malissimo. All'inizio comincio a vedere i presenti in atteggiamenti osceni. Mi travolge un'immaginazione morbosa e irriverente che trasforma la santa cerimonia in una specie di sabba a luci rosse. Così, all'improvviso, il pio celebrante si volta di scatto verso i fedeli e, sollevando la veste con un gestaccio da caserma, mostra un enorme fallo svettante e rossiccio, le compunte signore incappellate improvvisamente si dimenano e ululano di piacere, mentre i distinti signori che le accompagnano le manipolano scompostamente in ogni parte del corpo. E io non mi limito a fare da spettatore sbalordito a questo frenetico pornoshow ma sono colto da una voglia irresistibile di urlare parolacce: merdacazzoculo, merdacazzoculo, merdacazzoculo.

So benissimo che sono visioni da mente malata e che nella realtà nulla di tutto ciò potrà mai accadere. Ma non posso essere sicuro fino in fondo di riuscire a dominare la mia voglia insana di mettermi a urlare le parole più invereconde.

Mi è successo un sacco di volte nel bel mezzo delle cerimonie. Se non sono un testimone posso uscire dalla chiesa e aspettare che l'aria fresca faccia il suo effetto benefico. Ma se sono all'altare accanto agli sposi o se, peggio ancora, ho in braccio un pargoletto urlante che deve ricevere il santo battesimo, la mia perversa fantasia si scatena al massimo. Ultimamente mi pare che la mia strana tendenza vada peggiorando e l'approssimarsi delle nozze della mia cuginetta mi preoccupa moltissimo, anche perché in famiglia c'è già un'enorme attesa. Mia madre ogni mattina m'istruisce su quello che dovrò fare durante la cerimonia e, naturalmente, esige che io faccia la comunione. Se solo sospettasse quello che mi passa per la testa almeno mi risparmierebbe l'infame sacrilegio.

So benissimo che per tutto questo ci dev'essere un motivo, una causa lontana e dimenticata. M'interrogo continuamente. Da bambino in parrocchia ero chierichetto, ma non credo che la mia torbida mania sia legata al fatto che una volta, agitando il turibolo in modo un po' disinvolto, ho quasi dato fuoco a una vecchia signora. Ero troppo piccolo per capire e anche per farmi degli scrupoli. Sempre da chierichetto, ricordo che insieme ad altri due ci nascondevamo nel confessionale per masturbarci. Ma anche quella era una bambinata e non penso che abbia lasciato strascichi così inquietanti. E poi, gli altri due ragazzi che commettevano con me l'«atto impuro» in confessionale li incontro ancora spesso e a volte, per qualche funerale, li ho visti anche in chiesa. Sempre tutti tranquilli.

Ricordo perfettamente la prima volta che mi è successo questo curioso fenomeno. A quel tempo ero ancora fidanzato ufficialmente con Lucia e stavamo assistendo insieme al matrimonio di un nostro amico. Quando il sacerdote è sceso dall'altare e si è avvicinato agli sposi per raccogliere il loro sì, proprio in quel momento Lucia ha insinuato una mano sotto il mio braccio e mi ha sussurrato teneramente: «Pensa quando toccherà a noi». Ma io non potevo pensare proprio a niente perché il prete, invece di fare le domande rituali, si era piegato sul collo della sposa e muovendo vorticosamente una lingua di mostruose dimensioni si era messo a leccarla tutta. «Mi hai sentito?» insisteva Lucia che doveva aver frainteso il mio violento turbamento. «Merdacazzoculo, merdacazzoculo.» Digrignavo i denti e mi doleva la mascella per lo sforzo sovrumano di impedire il libero flusso delle parole innominabili.

Due giorni dopo con grande scandalo della famiglia ho rotto il fidanzamento. Mi soffocava l'orrore di quel che mi era accaduto e non riuscivo a darmi pace. Mi sentivo in preda alla follia e cercavo disperatamente qualcosa che mi tranquillizzasse. Ho lasciato Lucia perché era stata la prima ignara testimone del fatto e, adesso posso anche ammetterlo, mi faceva comodo pensare che allontanandomi da lei mi sarei liberato anche da quell'incubo. In realtà era un alibi che concedevo a me stesso: da molto tempo non ero più innamorato e ormai il nostro fidanzamento si trascinava. A quel punto si imponeva una decisione: il matrimonio o la rottura. Ho scelto la rottura e sono ancora convinto di aver fatto la cosa giusta. Ma allora perché nei luoghi sacri continuo ad avere fantasie oscene?

La paura non mi dava pace e così, per la prima volta, ho pensato di andare a confessarmi e di raccontare tutto ad un sacerdote. Ho raggiunto un santuario in cima a un monte, fuori città. Non che volessi nascondermi, ma mi pareva che scegliendo un luogo solitario e un prete più staccato dalle cose del mondo avrei trovato maggiore comprensione. Ma quando sono stato lì, dietro la grata del confessionale, sono stato assalito da una violenta emozione. Il frate mi sollecitava molto paternamente, ma io riuscivo a pensare una sola frase: «Merdacazzoculo, merdacazzoculo».

Non so come, sono riuscito a frenare la voglia frenetica di scappare e sono rimasto lì farfugliando qualcosa di pensieri cattivi, di fantasie licenziose, di peccati e di castighi. Di là dalla grata si era fatto un gran silenzio, vedevo in controluce la figura massiccia del frate e aspettavo le sue parole come un verdetto. «Il sesso è un dono di Dio, non un'espressione satanica» disse finalmente il sant'uomo con voce calda e rassicurante. «Lei ha forse problemi sessuali?» Ora dovevo proprio andarmene. Avevo dimenticato quanto possa essere imbarazzante e fastidiosa una confessione, e sì che ero stato chierichetto e mi ero sentito fare mille volte la fatidica domanda: «Quante volte, figliuolo?». Ho rassicurato frettolosamente il confessore: «Nessun guaio con il sesso, ci mancherebbe...». Ma lui non sembrava granché convinto: «Non ho capito il peccato, ma ho conosciuto il peccatore e il suo pentimento...» ha sussurrato, poi ho intravisto in controluce la sua mano che si alzava per compiere gli antichi gesti del perdono.

Si era clamorosamente sbagliato, per fortuna, perché nel sesso sono tranquillo e totalmente disinibito. Mi piace far l'amore in tutti i modi possibili e so di farlo bene, ma mio malgrado sentivo che l'inopportuna diagnosi del confessore mi aveva messo un po' in ansia. Decisi di correre ai ripari e telefonai a Susanna per invitarla a cena. Susy rispetto alle altre amiche ha il vantaggio di abitare da sola e di disporre di un confortevole appartamento dove ci si può intrattenere ben oltre le ore canoniche. «Ah! Sei ancora vivo?» mi domandò piuttosto agra appena sentì la mia voce. In effetti non la chiamavo da molto tempo, a dispetto di tutte le promesse e i giuramenti di cui non sono avaro. Ma quando le dico che l'amo e che, se mai pensassi di sposarmi, la prescelta sarebbe lei, sono assolutamente sincero. Solo che non penso affatto al matrimonio e questo m'impedisce di comportarmi come un fidanzato.

Ricorsi a tutti i mezzi di seduzione verbale per convincerla a perdonarmi e l'invitai a cena in uno dei ristoranti più cari della città. Al tavolo, mentre aspettavamo che ci servissero, Susanna ebbe tutto il tempo per sfogare il suo malumore. Io fingevo di ascoltarla ma in effetti pregustavo già l'incontro a luci rosse che avremmo avuto di lì a poco. Lei dovette cogliere nel mio sguardo una totale assenza di pentimento. «E pensare che ti avevo preparato una sorpresa...» sospirò passandosi allusivamente la lingua sulle labbra. Non c'era nessun bisogno di eccitarmi. Se fossi stato sicuro di non irritarla l'avrei costretta a venir via subito, senza mangiare. Ma lei avrebbe attaccato con le sue solite geremiadi: «Vieni con me solo per quello...». E al momento non sarei stato in grado di negarlo.

La sorpresa che Susanna mi aveva preparato era davvero una bomba. Penso che finirò proprio per sposare quell'intraprendente ragazza, se non altro per la sua trasgressiva generosità. In camera aveva sostituito tutte le porte dell'armadio a muro con degli specchi sicché dal letto godevamo una vasta panoramica di noi stessi. «Che te ne pare?» si pavoneggiò Susy soddisfatta di sé e del mio entusiasmo. «È molto più comodo che tirar giù ogni volta lo specchio del bagno, no?»

Perfettamente d'accordo. Cominciai a spogliarmi con gesti lenti e misurati, cercando di dominare la frenesia che m'invadeva. Controllavo nello specchio ogni mio movimento e da quelle immagini traevo nuovi e più elettrizzanti stimoli erotici. Fu travolgente far l'amore in cinemascope. Mi è sempre piaciuto molto guardarmi ed essere guardato durante un rapporto, ma con uno specchio tanto grande mi sembrava quasi che la mia forza vitale si moltiplicasse.

«Sei pronto per un'altra sorpresa?» mi alitò nell'orecchio la mia bella, e prima che potessi risponderle si staccò da me e andò verso la finestra. Non mi ero accorto che aveva sostituito le classiche tendine *à vitre* con una di quelle «a pacchetto» che restano arrotolate in alto finché non si tira una cordicella. Susanna fece appunto questo e dall'alto scese un singolare pannello: una gigantografia su stoffa con una folla di uomini e donne che guardava interessatissima in direzione del nostro letto. Cento paia di occhi su di noi: un delirio di eccitazione e di desiderio. Mentre mi facevo onore davanti a quella muta collettività, mi tornò in mente la mia pudibonda confessione del pomeriggio e le peregrine ipotesi del frate su merdacazzoculo, merdacazzoculo... Che ritmo straordinario avevano quelle tre parole, le avrei ripetute all'infinito se non mi avessero riportato alla memoria, del tutto a sproposito in quel momento magico, il mio problema «ecclesiastico». Già, il mio problema.

Forse le mie smanie esibizionistiche si esaltano quando sono in chiesa, in presenza di un pubblico selezionato e devoto. Per questo immagino che tutti, preti e fedeli, assumano pose indecenti e commettano atti osceni. Evidentemente proietto sugli ignari fedeli la mia voglia di esibirmi e in questo modo combatto il senso di acuta minaccia che m'invade quando mi trovo al centro dell'attenzione. Questo collegamento non mi era mai stato chiaro, ma ora capisco che quel merdacazzoculo è solo una formula scacciapanico, un antidoto da usare prima di commettere qualche sciocchezza.

L'importante è saperlo. Al matrimonio di Francesca invece di lasciarmi travolgere dall'angoscia proverò a recitare in segreto la mia cantilena magica. Serio e compunto biascicherò merdacazzoculo, merdacazzoculo. E gli astanti penseranno che io stia pregando intensamente. So che sembra blasfemo, ma in pratica il mio turpiloquio segreto sarà come una specie di preghiera: fra i tanti motivi per cui si prega c'è anche quello di liberarsi dal male che alberga in noi.

Farfalla

L'ultimo posto al mondo in cui ci si aspetterebbe di veder volare una bella farfalla colorata è il nostro armadio alle sette e mezzo del mattino.

Ero ancora intontita di sonno e facevo tutto con gesti automatici, gli stessi di sempre. Ero quasi pronta, quando ho allungato la mano nell'armadio per prendere la gruccia con il vestito che volevo indossare. Ero immersa nella calma ovattata che permette alla mente di riposare ancora un po' e al corpo di svegliarsi con comodo. Forse proprio perché non ero ancora del tutto vigile, quell'improvviso frullo d'ali mi ha atterrita. Era contro ogni logica che la farfalla fosse lì, un autentico sovvertimento delle leggi naturali. Ho scoperto quella mattina che la paura non nasce necessariamente dalle cose brutte e cattive. La farfalla era leggiadra ed elegante e nulla nel suo aspetto era ostile o minaccioso.

Uscì dall'armadio con un volo palpitante e andò a posarsi con le ali chiuse sulla testata azzurra del mio letto. Era una bellissima immagine, il colore caldo della stoffa era uno sfondo perfetto per la levità della farfalla. Restò lì un attimo mentre si addensavano dentro di me vischiosi timori. Le ali si muovevano ritmicamente a piccoli scatti veloci. Continuavo a fissarla come ipnotizzata: sulla stanza era caduto un silenzio sospeso carico di stupore. D'un tratto mi sentii sola, indifesa come se invece di un innocuo insetto avessi avuto di fronte un mostro pauroso. E proprio mentre il terrore cominciava a scorrermi nel sangue la beffarda bestiola decise di levarsi in volo e puntò verso di me che, inorridita, mi nascondevo la testa fra le braccia. Sentivo calarmi addosso un buio senza confini e nell'angoscia mi pareva che fossero le ali della farfalla diventate gigantesche a oscurarmi il sole. Riuscii solo a urlare, non per chiamare aiuto ma per buttar fuori in qualche modo l'orrore che era esploso in me.

È cominciato così il mio terrore per gli insetti con le ali. Non che i ragni mi divertano, ma almeno non volano e perciò mi sembrano meno minacciosi.

Ai miei urli disperati accorse tutto il vicinato. Ero confusa, mi vergognavo molto di quella scena. Dissi che mi ero sentita male, ma non feci parola della farfalla che intanto, per aumentare il mio tormento, era svanita nel nulla. Chiamarono un medico che mi somministrò dei calmanti. Ci misi tutta la mattina per convincermi che non era accaduto nulla di catastrofico e che quella gentile bestiolina non era foriera di sciagure cosmiche. Nel pomeriggio arrivai in ufficio con gli occhi segnati dall'esagerato sconvolgimento mattutino. «Hai certe occhiaie!» osservò premurosa la mia collega. «Non è che ti stai stancando troppo?»

Nelle sue parole c'era il tono caldo e protettivo che si usa in genere con le donne incinte.

«Macché, sto benissimo» la tranquillizzai. «È solo che ho preso uno spavento tremendo.» Chissà perché avevo una gran voglia di raccontare quello che mi era accaduto. Non mi frenò né il consueto riserbo né il senso del ridicolo. Avevo troppo bisogno che qualcuno mi rassicurasse e comunque speravo, parlandone, di alleggerire l'oscura tensione che mi era rimasta addosso.

«Le donne gravide sono più sensibili delle altre» spiegò la mia collega. «E tu sei più portata ad allarmarti perché devi difendere il bambino. Forse la paura esagerata è una forma d'istinto materno.»

Tutti in quel periodo si preoccupavano per me. Non solo perché ero incinta, ma soprattutto perché stavo vivendo una vicenda molto particolare. Alcuni mi giudicavano pazza e incosciente, altri, più generosamente, pensavano che fossi una donna coraggiosa. Tutto perché avevo deciso di portare avanti la gravidanza da sola, senza costringere nessuno ad assumere paternità indesiderate.

In realtà avevo deciso di abortire. Mi ero regolarmente presentata in ospedale al giorno e all'ora convenuti. Prima di me c'erano altre due ragazze e aspettai poco più di un'ora. Quando arrivò il mio turno sentii una voce che diceva: «Torno domani». Era la mia.

Mi spiegarono che il giorno dopo non sarebbe stato possibile, c'era una lunghissima lista d'attesa. Allora, più estranea e decisa che mai, la stessa voce di prima ripeté: «Non importa. Torno domani».

Quel che mi turbò allora e che mi inquieta ancora oggi è che non ci fu ombra di premeditazione. Nemmeno per un attimo avevo pensato di tenere il bambino: sarebbe stato irragionevole, quasi assurdo nella mia situazione di donna sola e senza grandi risorse economiche mettere al mondo un figlio senza nemmeno sapere di preciso chi era il padre. La decisione di abortire era stata automatica: non avevo avuto dubbi né ansie né tormentose incertezze. Ma qualcosa durante la breve attesa in ospedale doveva aver agito su di me a mia insaputa. Qualcosa di oscuro e potente sovvertì le mie decisioni e trasformò le mie ansie e le mie inquietudini in speranze e le possibili difficoltà in esaltanti sfide. Fu un'autentica metamorfosi, un'altra delle cose oscure che mi andavano accadendo nel corso della gravidanza.

Quello con Paolo sembrava un vero fidanzamento. Avevamo deciso di fare insieme una vacanza-test, una prova di convivenza prima di prendere decisioni più impegnative. Tutto procedeva a meraviglia e mi sentivo serena come non lo ero da anni. La casa di Paolo era aggrappata a uno scoglio battuto dal mare, dal terrazzo si godeva un panorama da levare il fiato e forse la mia beatitudine di quei giorni era dovuta all'incanto del luogo più che alla mia placida situazione amorosa. Ma proprio lì, in quel remoto paesino della costa ligure, venne per un weekend il mio ex grande amore. Non lo vedevo da almeno tre anni, ma lui incontrandomi tanto fortunosamente trovò naturale propormi una rimpatriata erotica. Così, per vedere che effetto faceva. Ancora oggi non so dire se l'assecondai per un residuo di amore, per debolezza o semplicemente per rovinare quel clima di sicurezza e di normalità che si stava creando con Paolo.

Qualche settimana dopo, quando scoprii di essere incinta, decisi di rompere definitivamente il mio già precario fidanzamento. Non potevo confessare a Paolo di averlo tradito durante quella specie di luna di miele in riviera. E certo non avrei potuto renderlo padre in una situazione così ambigua.

Oggi, alla luce dell'esperienza, so di aver fatto bene. Mi sento padrona di me, non ho rimorsi e vivo la travolgente felicità di avere un bambino soltanto mio. Quando ha saputo della mia gravidanza Paolo mi ha cercata. «Ho fatto i conti» ha detto con la consueta pacatezza. «Non sono poi così sprovveduto. Quel bambino è mio.» È stato molto difficile raccontargli la verità, ma soprattutto è stato difficile rifiutare la sua generosa offerta di sposarci comunque, prima della nascita del piccolo. Ero molto combattuta: un marito in una situazione come la mia avrebbe trasformato un dramma in una commedia a lieto fine. Ma ormai ero dominata da una vaga sete d'eroismo, volevo andare fino in fondo, assumere tutte le mie responsabilità, mettermi alla prova, insomma. Fu un periodo di esaltazione e di incredibili sorprese. Dopo l'improvviso voltafaccia che mi aveva fatto fuggire dall'ospedale, il problema più urgente per me era quello di comunicare la notizia a mio padre, un uomo anziano di grande rigore morale e, almeno così pensavo, duro e intransigente. Andai a trovarlo un sabato mattina nel piccolo borgo in cui si è ritirato dopo la morte della mamma. Era in giardino a potare le rose, aveva un grembiulone blu e un buffo cappello troppo piccolo per la massa arruffata dei suoi capelli bianchi. Per tutto il viaggio avevo cercato le parole giuste per dargli la notizia, ma nel momento in cui mi posò addosso gli occhi indagatori e perplessi ogni discorso preconfezionato mi sembrò assurdo. Lo guardai con la fierezza che gli opponevo da ragazzina: «Sono venuta a dirti una cosa» esordii cercando di parlare con distacco. «Per me è una notizia bellissima, ma tu forse non la penserai così...» Intanto eravamo entrati in cucina e lui si era seduto al grande tavolo ingombro di utensili di ogni genere. Sembrava attentissimo ad allineare perfettamente le forbici da giardino con tutti gli altri arnesi ma, a guardarle bene, le sue mani erano scosse da un tremito impercettibile. Non potevo aspettare che mi venissero le parole giuste e glielo dissi con quelle che avevo pronte:

«Aspetto un bambino, ma non mi sposo». Mi commosse profondamente lo sconcerto che gli lessi negli occhi. Fu solo un guizzo e capii che anche lui cercava disperatamente le parole. Per la prima volta sentii che non ero in guerra con mio padre, che non dovevo vincere o perdere, ma solo aiutarlo a superare un'altra delle tante delusioni che mio malgrado gli avevo dato. Prima che la scontrosità mi riprendesse mi portai dietro di lui, gli posai le mani sulle spalle e mi chinai fino a sfiorare la sua guancia con la mia. Lo sentii irrigidirsi ma poi, mentre alzava la mano per prendere la mia, si rilassò. «È una bella notizia» sospirò dominando l'ondata di commozione che gli aveva procurato il mio gesto assolutamente inconsueto. Quando ripenso al mio improvviso slancio d'affetto per lui mi rendo conto, ancora un po' sorpresa, che la gravidanza stava incidendo profondamente sulla mia sensibilità e sul mio modo di vedere le cose.

È passato più di un anno da quel giorno, ma il ricordo di quella strana mattina in casa di mio padre mi dà ancora una profonda emozione. Mi accade spesso di tornare con la mente a quell'episodio, non solo per compiacermi della mia ritrovata amicizia con papà, ma anche perché cerco di scovare nella memoria qualcosa che spieghi la mia misteriosa paura delle farfalle. Quella mattina papà era in giardino ed è probabile che intorno ai suoi cespugli di rose volassero degli insetti. Non li avevo visti o non ne avevo paura? Non trovo risposta né a questo né agli altri interrogativi che mi assillavano.

Una mattina Paolo, che non ha mai smesso di starmi vicino, mi chiamò in ufficio. Aveva due biglietti per l'opera. Cercai cortesemente di declinare l'invito. «A chi lo lascio il bambino?» mi schermii certa di portare un argomento ineccepibile. «A chi lo lasci durante il giorno quando vai a lavorare?» ribatté lui, logico, e aggiunse: «Non esci di casa da quando è nato il piccolo. Non fa bene ai figli avere delle madri attaccaticce». Alla fine accettai, non perché mi avesse convinta, ma perché mi divertiva sempre il suo modo di aggirare gli ostacoli e mi gratificava il suo costante interesse per me. Mi fece davvero bene tornare nell'«altro» mondo, così lontano dalle mie consuete gimkane tra biberon, pappe, casa e lavoro. In teatro c'era la solita schiera di signore in lungo e di uomini in smoking, ma ero cambiata anche in questo. Tutta quella parata invece di darmi fastidio mi distraeva e mi divertiva. L'opera in programma era *Le nozze di Figaro*, splendida musica, splendidi interpreti. Ero rilassata e serena, ma quando il baritono intonò: «Non più andrai farfallone amoroso...» il cuore si mise a battermi così forte da farmi temere che i vicini lo sentissero e mi guardai intorno spaventata. Contemporaneamente le parole dell'aria di Figaro mi risuonavano ironiche in testa: «...Farfallone amoroso...».

Paolo, come se avesse colto il mio disagio, mi prese delicatamente la mano ma io, scossa, continuavo a ripetermi come una sentenza: «Farfallone amoroso... Farfallone amoroso...». Mi avevano smascherata: il farfallone ero io. Fino allora avevo finto di credere che quanto mi era successo era stato un caso sfortunato, un errore forse ma non una colpa. Invece mi ero comportata con spaventosa leggerezza... altro che farfalla!

Mi agitavo scompostamente sulla poltrona in preda a un'irrequietezza crescente. Le gambe d'improvviso mi sembravano troppo lunghe, non sapevo dove metterle e qualunque posizione assumessi era scomoda e goffa. Ero tesa, eccitatissima: dunque avevo trovato! Le farfalle di cui avevo tanta paura erano il mio alter ego, l'incarnazione della mia insostenibile leggerezza. Ogni frullo d'ali mi metteva impietosamente davanti alla mia immaturità, alla mia condotta irresponsabile. Durante l'intervallo non seppi resistere: raccontai a Paolo la mia fortunosa scoperta e mentre parlavo traboccavo di gioia per la mia felice intuizione. Lui mi guardava perplesso e nient'affatto contagiato dalla mia agitazione. «Non ci credo» decretò infine. «Mi pare un'autentica sciocchezza. Roba da psicanalisti selvaggi.» Il suo scetticismo non riuscì a smontarmi. Nega per cavalleria, pensavo. Non potrebbe certo confermare che sono una farfallona amorosa, visto che proprio lui è stato la prima vittima della mia frivolezza! Ancora una volta però dovetti constatare quanto ero cambiata. In passato l'atteggiamento di sufficienza di Paolo mi avrebbe irritata e avrei finito col litigare con lui. Invece gli permisi di tenermi la mano a lungo mentre mi abbandonavo alla musica di Mozart e a un sentimento di pace interiore che mi era quasi del tutto sconosciuto.

L'indomani quasi desiderai di vedere qualche farfalla, per constatare che ero veramente guarita. Ma a parte quella che si era rifugiata, chissà perché, nel mio armadio, non capita tutti i giorni d'incontrarne vivendo in città. Dovetti aspettare la domenica dopo. Avevo portato il bambino in campagna da mio padre e, già dimentica di quel test in sospeso, mi stavo godendo un tiepido solicello autunnale. Fu una vespa o qualcosa di simile. Volava a cerchi concentrici scanditi da un ronzio uniforme. Capii che stavo urlando solo quando vidi mio padre precipitarsi fuori di casa atterrito e correre verso di me. «Che succede? Che succede?» mi domandava spaventato e attonito. Mi buttai fra le sue braccia in lacrime e balbettando gli spiegai tutto. «La vespa?» mormorò e poi, come se non volesse credere alle sue orecchie, ripeté: «La vespa?».

Dunque, sembrava domandarsi, quella sua figlia impavida e temeraria che se n'era andata di casa a quindici anni e che aveva sempre sfidato le sue ire e i suoi giudizi, quella figlia coraggiosa e bambina aveva paura di un animaletto così innocuo e piccino...

Più della paura fu la delusione ad amareggiarmi. Ero certissima dopo l'improvvisa scoperta a teatro di avere risolto definitivamente il mio problema. Invece proprio l'idea di aver capito mi aveva resa più vulnerabile al nuovo terribile attacco di quelle minuscole ali minacciose.

Dovetti convivere col mio problema a lungo. Succede solo nei film che, scoprendo la causa remota di qualcosa che si è perduto nelle pieghe della memoria, se ne rimuovono immediatamente gli effetti. Adesso me ne sono liberata e credo anche di sapere perché. Ma non sono affatto sicura delle mie spiegazioni. È stato di nuovo il caso a suggerirmi una lettura diversa della mia sproporzionata paura. La figlioletta della custode venne a chiedermi di consultare l'enciclopedia. Doveva svolgere una ricerca, guarda caso, proprio sulle farfalle. Mi fece tenerezza vederla cercare su quel librone più grande di lei e dentro di me scattò una strana curiosità: chissà se le farfalle mi facevano paura anche riprodotte sui libri? Come mai non ci avevo pensato prima? Mi trovai davanti una serie di illustrazioni: bozzolo, bruco, crisalide, farfalla. E ancora una volta, come quella sera a teatro, il cuore m'impazzì e si mise a battere forte, sempre più forte. Sono stata anch'io, come tutti d'altra parte, bozzolo, bruco e crisalide, sempre inseguendo la libertà e al tempo stesso temendo di perdere il calore protettivo del bozzolo. Ero scappata da casa poco più che bambina. E ora mi rendo conto che per tutta la vita ho avuto bisogno di clamorosi gesti di rottura per affermare la mia bruciante sete di autonomia. Come se temessi che procedendo a tappe regolari non avrei mai trovato il coraggio del distacco.

Forse è stata la morte improvvisa di mia madre a segnarmi: da allora le fughe e gli abbandoni improvvisi sono diventati il mio mezzo elettivo di difesa. Sbagliatissimo.

Finalmente tutto mi sembrava chiaro: ero cambiata mille volte anch'io nella vita, una metamorfosi dopo l'altra, ma la mia paura maggiore si era scatenata durante la gravidanza, nel momento in cui il mio corpo e la mia psiche subivano la massima trasformazione.

Quando penso che il lungo e sofferto viaggio dentro di me è cominciato quella mattina, con un semplice frullo d'ali colorate, mi dico che avevo le mie buone ragioni a non forzare troppo gli eventi. Ho imparato a non fidarmi delle oscure tensioni che, a mia insaputa, m'invadono. Non ho più paura delle farfalle, posso anche vederne una senza cadere in deliquio. Ma se non le vedo sono più contenta.

Vogliono mangiarmi!

La sposa era bellissima: esile e bionda sembrava finta, una fata uscita da un libro di favole. E pensare che arrivava dritta dal profondo sud.

«Una siciliana?» aveva esclamato Mauro divertito all'annuncio dell'imminente matrimonio. «Siciliana di Catania, ma vedrai che sorpresa...» replicò sorridendo Dario, lo sposo. E non aveva aggiunto altro. Mauro adesso capiva. La guardava mentre si muoveva per la sala, nient'affatto impacciata dall'abbondanza di sete dell'abito prezioso. Aveva un incarnato di pesca e la pelle di porcellana. I suoi occhi azzurri scintillavano di una misteriosa felicità. Misteriosa, certo, visto che da quel momento diventava la moglie di Dario. Dove l'aveva pescata una meraviglia simile, quello scimmione?

Mauro era testimone di nozze, come si conviene al più caro amico dello sposo. Ma di quel matrimonio, nonostante l'antica amicizia, sapeva ben poco. Dario sembrava il più riluttante alle nozze del loro gruppo, per questo la sua improvvisa decisione era stata così sorprendente. Aveva conosciuto Maddalena durante un viaggio di lavoro in Sicilia e ne era rimasto folgorato al punto di decidersi alle nozze saltando a piè pari le tappe del fidanzamento tradizionale. Nessuno l'aveva mai vista prima, la misteriosa fidanzata del sud, nemmeno i severi genitori dello sposo. Ma adesso che era lì tutti capivano la segreta malia che aveva incantato Dario.

«E pensare che mi aspettavo una Concetta coi capelli neri e gli occhi di velluto...» commentava divertito Mauro con la madre dello sposo. La signora non sembrava gran che disposta allo scherzo. Sospirò accorata: «Speriamo bene».

«Oh, via, è la nuora più bella che lei potesse desiderare...» La donna gli posò una mano sulla spalla e lo lasciò interdetto: «Figlio mio, la bellezza non è tutto». Dunque sorgevano già delle ombre sulla strada di quella ragazza solare. C'era da aspettarselo: gli Araghi non erano persone disposte a capire e tanto meno accettare un colpo di testa da nessuno, figuriamoci poi dal figlio prediletto. Invece, pensava l'amico, Dario aveva fatto benissimo a infischiarsene dei suoi. Con il suo gesto coraggioso aveva dimostrato una reale autonomia di scelta: anziché sposare, come si aspettavano tutti, una ragazza del loro giro, magari convinto di avere scelto liberamente, si era preso quella radiosa siciliana bionda.

Ci voleva questa Maddalena, così diversa, così estranea, a dimostrare che esiste un «altrove», al di là del tennis club e del circolo della vela.

«Tu devi essere Mauro» sorrise la sposa, porgendogli una coppa. Mauro avvampò come colto in flagrante e in quell'attimo capì che non c'era innocenza nei suoi pensieri.

«Non posso dire che so tutto di te, come si fa in questi casi» soggiunse Maddalena. «Ma so che sei il nostro migliore amico e che la tua casa è proprio di fronte alla nostra. Dario me l'ha mostrata... Sarò una buona vicina» dichiarò posando una mano sul cuore come per una promessa solenne. Poi lo condusse al tavolo dei suoi genitori e glieli presentò. Era una coppia ancora giovane ma totalmente soggiogata, era chiarissimo, dalla splendida figliola. Mauro chiacchierava e intanto cercava di capire qualcosa di loro. Colse lo sguardo compiaciuto del padre che accarezzava Maddalena senza nemmeno tentare di nascondere il suo orgoglio. Era ovvio che le aveva negato ben poco, d'altra parte lei si muoveva con tanta sicura leggiadria da far pensare che fosse perfettamente consapevole del potere che aveva sugli uomini, padre compreso. Adesso Mauro cominciava a capire le ansie della signora Araghi. Forse era semplicemente invidioso ma tutt'a un tratto gli parve che Dario non avesse abbastanza carattere per «gestire» una donna così bella e così vistosamente viziata dalla vita.

La festa stava per finire. Cominciò l'interminabile rito dei saluti. Tutti baciavano tutti. E nell'incredibile confusione che si era creata, Mauro baciò la sposa almeno tre volte. Uscì mentre l'allegria si trasformava lentamente in malinconia. Adesso gli occhi di Maddalena scintillavano di lacrime.

Inspiegabilmente, Mauro restò di malumore tutta la sera, si domandò addirittura se non era stato ammaliato anche lui da quella creatura fatata. Poi rise di sé, ma rise amaro. Restò a casa, sottraendosi alle telefonate degli amici, e andò a letto sperando di sognare Maddalena.

Ed era nel bel mezzo di un sogno quando, alle due di notte, fu tirato giù dal letto. Al citofono la voce di Maddalena, già inconfondibile per lui, lo implorava di aprirle. Quei due pazzi hanno dimenticato le chiavi di casa, pensò. Ma la sposa era lì sola e cercava proprio lui. Gli era capitato altre volte di sognare sapendo di sognare, quella volta invece tutto sembrava assolutamente reale. E lo era, lo capì quando Maddalena cominciò a singhiozzare tre le sue braccia: «Aiutami, salvami, mi vogliono mangiare!» Per essere un sogno era troppo folle. «Chi ti vuol mangiare?» domandò trasecolato, illudendosi ancora che si trattasse di uno scherzo. «Loro» fece lei concitata, indicando vagamente l'esterno. «Loro, Dario e tutti i suoi...»

Mauro non sapeva che fare: aveva sentito più volte parlare di crisi isteriche ma le aveva immaginate diverse. Ecco perché, si disse malignamente, una ragazza così bella aveva sposato Dario: era matta. Provò a calmarla con parole che però sentiva del tutto inadeguate. Non è facile convincere una specie di angelo che nessuno vuole divorarlo. Era dai tempi di Cappuccetto Rosso che non aveva più dimestichezza con l'argomento. Per non parlare del disagio che gli procurava l'idea di intrattenersi con la moglie del suo più caro amico, nella loro notte di nozze.

Maddalena intanto, certo non per merito del suo imbarazzatissimo ospite, aveva smesso di piangere: «Scusami» ripeteva affranta. «È stato più forte di me. Mamma e papà sono partiti e io... io» e la voce le si incrinava di nuovo. «Io sono rimasta sola con quelli...» Mauro si rinfrancò: il discorso sembrava rimettersi sul binario della normalità. Ingenuamente provò a domandare: «Ma Dario non era con te?». «C'era, ma trasformato, mi guardava con gli stessi occhi ostili dei suoi genitori. Lo sai che quelli non mi hanno né abbracciata né baciata? Mi trattavano come se fossi radioattiva. Dopo aver accompagnato i miei all'aeroporto, hanno preteso che passassimo ancora da casa loro; io ero esausta dopo una giornata così lunga e poi domattina dobbiamo partire, anzi dovevamo, perché adesso...» e qui ricominciò a singhiozzare.

Dove diavolo si era cacciato Dario? Perché non veniva a riprendere la sua imprevedibile mogliettina? «Ti preparo qualcosa di caldo?» propose per togliersi d'impaccio e rimpianse di non avere in casa la famosa acqua antisterica di Santa Maria Novella che sua madre usava come una panacea per qualsiasi tipo di malessere femminile. «No, grazie, due dita di whisky.» Maddalena continuava a stupirlo. Mauro allora decise di osare: «Non credo che ti faccia bene... Se poi ti metti a pensare che voglio mangiarti anch'io...».

Vide un'ombra scura passare negli occhi stellanti della ragazza. Forse si era offesa: evidentemente non era abituata ad essere contraddetta, ma fece buon viso: «Chissà che cosa pensi di me, ora». E d'un tratto ebbe un'altra metamorfosi e si mise a conversare amabilmente, come se non fossero le due della sua prima notte di sposa.

«È stato un altro dei miei attacchi. Certi hanno paura dei ragni, degli insetti o di altre cose assurde...» cercò di spiegare la sposina. «Io, se non mi sento amata, mi lascio prendere dalla paura e immagino che mi vogliano mangiare.»

Mauro si rese conto all'improvviso che la fuga di Maddalena rischiava di dare in pasto alle malelingue una delle più austere famiglie della città. L'indomani la storia si sarebbe risaputa e anche lui, suo malgrado, sarebbe stato coinvolto nello scandalo. Provò a farlo presente alla sua ospite notturna ma con scarso successo. Lei insisteva con la sua autobiografia: «Già una volta sono stata sul punto di sposarmi ma quando ho capito di non essere gradita ai suoceri ho rotto il fidanzamento, a quattro giorni dalle nozze. Ma ero nella mia città e lì c'erano i miei genitori a proteggermi. Con Dario ero sicura di me, piena d'entusiasmo, ho passato due mesi di assoluta euforia, presa dai preparativi per il corredo, la casa e il viaggio di nozze. Io e la mamma eravamo in moto perpetuo tra sarta, arredatori e agenzie di viaggio. Ma stasera all'aeroporto, quando ho visto scomparire i miei, inghiottiti dal tunnel di accesso all'aereo, mi sono sentita perduta. E ha cominciato a farsi strada in me la vecchia paura».

Anche le ansie di Mauro crescevano a vista d'occhio. Ma lei si era ormai abbandonata al flusso inarrestabile del suo racconto. «Non pensare che la paura di essere mangiati sia una cosa da pazzi. Tanti ne soffrono. A Catania avevo consultato dei medici perché anche a me sembrava un sintomo allarmante. Ma loro mi hanno rassicurata. È una paura molto antica, mi hanno spiegato, l'avevano già gli uomini primitivi. Una volta c'era l'antropofagia e i nemici sconfitti venivano mangiati dai vincitori.»

«Ma tu non sei né nemica né sconfitta» arrischiò Mauro col tono di chi ha deciso che i matti vanno assecondati. «Tu sei una splendida vincitrice...»

Forse su quest'ultima frase aveva messo un pizzico d'entusiasmo di troppo. Ma gli sembrava di aver capito, nella sua approssimativa conoscenza della psicologia umana, che Maddalena aveva un bisogno parossistico di sentirsi al centro dell'attenzione, di essere lodata, ammirata, blandita. E la sua ipotesi ebbe un'indiretta conferma. La bella era visibilmente lusingata e intanto lui, incoraggiato dal successo della sua strategia, inventava già nuove adulazioni. «Non credo che i genitori di Dario ti siano ostili, io li conosco: sono felicissimi di avere una nuora della tua bellezza. Non hai visto oggi com'erano contenti? Ti mangiavano con gli occhi...» Solo a frase pronunciata si rese conto di quel che aveva detto. In realtà era stato lui a mangiarsela con gli occhi per tutta la durata della festa e adesso attribuiva ai poveri Araghi le sue voracità visive. Era sfinito, cominciava a temere che non sarebbe più uscito da quella pazzesca situazione. Ma, provvidenziale, squillò il telefono. «Sono Dario... è successa una cosa terribile...»

«Lo so. Maddalena è da me.»

Quando se lo vide davanti si spaventò. Dario era scarmigliato e stravolto. Sembrava un gatto dopo una battaglia sui tetti, uno di quelli che aveva avuto la peggio... Il suo abito conservava ancora qualche traccia dello splendore mattutino, anche se ora un golf malandato sostituiva la giacca da cerimonia. Mauro non sapeva bene cosa fare. Portò l'amico in camera da letto pensando che fosse meglio non farli incontrare subito. Lo sposo d'altra parte non sembrava ansioso di riprendersi la sua metà. «È stato un finimondo» sospirò passandosi la mano sul viso smorto. «Ti giuro che non ci ho capito niente.»

Il padrone di casa dissimulò un brivido: non vorrà che glielo spieghi io? si domandò sconcertato. Ma capì che l'altro aspettava un suo commento. «Non credo sia grave. Lei si è solo spaventata vedendo partire i genitori...»

«Sì, ma c'è modo e modo! Sembrava pazza... e poi... senti, a un certo punto si è messa a gridare che volevo mangiarla! Nemmeno fosse finita nella famiglia dell'orco. Mia madre è rimasta senza parole. Penso che ci metterà dei mesi a riprendersi.» Mauro rifletteva sulla sua posizione. Era un superficiale nato, il menimpipo del loro gruppo e ora, in quella notte da farsa, toccava proprio a lui fare discorsi profondi.

«Credo che il problema di Maddalena sia la sua bellezza» arrischiò timidamente. «Ha bisogno di sentirsi amata...» Non riusciva a scrollarsi di dosso l'imbarazzo e il ridicolo della situazione. «È vero che i mariti sono sempre gli ultimi a saperlo,» pensava «ma che debba spiegargli io com'è sua moglie!...»

Poi si disse che, se faceva un ultimo sforzo, sarebbe riuscito finalmente ad andare a dormire. «Quante volte ti è capitato di sentire le mamme che dicono ai bambini piccoli in uno slancio d'affetto o in uno scatto di collera "ti mangerei"? Beh, probabilmente Maddalena è un po' immatura, e nel sentirsi al centro dell'attenzione di tanta gente, forse amica e forse ostile, ha pensato che l'avrebbero mangiata. O l'avrebbero sopportata a fatica, ingoiata come un rospo, ecco. Cosa che per una della sua bellezza è un po' difficile da mandar giù...» Rendendosi conto di usare solo termini digestivi, si confuse e s'impappinò. Ma insomma cosa pretendevano da lui a quell'ora?

Erano le quattro del mattino quando riuscì a ricomporre alla meglio la precoce crisi coniugale. Usciti i due piccioncini si buttò stremato sul letto. Tocca a Dario, pensava, soddisfare la tremenda fame narcisistica della sua stupenda sposa. E che ci riuscisse o no, non lo riguardava. Comunque adesso lui poteva finalmente dormire.

Il magnetismo dell'onorevole

Sergio Gandini, deputato di prima legislatura, non amava girare da solo nelle enormi sale di Montecitorio. Quel palazzo smisurato aveva ampi saloni, scalinate fastose, corridoi interminabili e forse era la vastità degli ambienti, oltre alla loro austera imponenza, a incutergli un senso di perenne disagio. Si muoveva con relativa tranquillità solo nelle sale più frequentate: l'aula, il famoso transatlantico e naturalmente il ristorante, la posta e la banca.

Forse erano i suoi cromosomi proletari a trasmettergli un'esagerata deferenza per quei luoghi o più semplicemente era il suo carattere poco incline al lusso e alle apparenze.

Per andare alla seduta della commissione di cui era membro doveva attraversare il corridoio dei presidenti, così chiamato perché lungo una interminabile parete era decorato dai ritratti di tutti coloro che avevano presieduto la Camera, dalla Costituente in poi. La sfilata di fotografie e l'illuminazione scarsa accrescevano l'inquietudine sotterranea che ormai gli era abituale. Quella mattina era in ritardo: i colleghi evidentemente l'avevano preceduto perché il lungo andito era completamente deserto. I presidenti dai loro quadri lo guardavano con severa degnazione. L'onorevole Gandini si sentiva lievitare dentro un'ansia che lui stesso giudicava ridicola. Affrettò il passo e finalmente sbucò in un'altra sala più illuminata e meno silenziosa. Dal suo tavolo disadorno il commesso alzò gli occhi: «Buon giorno, onorevole» disse. «Ho un messaggio per lei.» Gandini si fermò con sollievo, la voce dell'uomo era arrivata in tempo per allentare la sua stupida tensione. Aspettò che l'altro trovasse il bigliettino giallo dove di solito si annotavano le chiamate. Era una comunicazione della sua banca, che l'invitava a presentarsi al più presto agli sportelli. Qualche giorno prima aveva tentato di ritirare dei soldi con il Bancomat, ma la macchina gli aveva «mangiato» la carta e sul piccolo schermo era comparso l'invito a rivolgersi alla sua banca. Era certamente per questo che l'avevano convocato.

Il funzionario incaricato glielo confermò: «La sua carta si è smagnetizzata, onorevole» spiegò. «Se ha la pazienza di aspettare gliela sostituiamo.» Decise di liberarsi subito di quella seccatura. Aspettò una decina di minuti durante i quali, ricordò in seguito, cominciò a serpeggiare in lui una subdola ossessione. Si domandò – e gli sembrava di scherzare con se stesso – dove poteva essere finito il magnetismo che si era staccato dalla sua carta di credito. Non c'erano dubbi in proposito: poiché teneva la carta nel portafoglio, quel fluido da calamita gli si era appiccicato addosso e si era trasformato in chissà che strana energia. Forse era diventato proprio l'inquietudine che ora lo tormentava senza nessun motivo. Quando gli restituirono la tessera l'inserì nell'apposita custodia e si rese conto che di carte, magnetiche e non, ne aveva una decina. La tessera dell'Alitalia, quella dell'autostrada, la carta di credito e tutte le altre erano ordinatamente disposte ciascuna nel suo scomparto. Nel guardare quella parata multicolore fu assalito da un altro inquietante pensiero: e se si smagnetizzassero tutte insieme che cosa mi succederebbe?

La giornata che avanzava per fortuna occupò i suoi pensieri. Si divise tra l'aula e la sala di lettura, partecipò a una interminabile riunione, fece le rituali telefonate al ministero per le pratiche in sospeso dei suoi elettori e scrisse un'interrogazione per sapere dal ministro come mai un certo appalto non era stato ancora assegnato. L'ora di cena lo colse di sorpresa, prima che potesse riprender fiato. L'aspettava un altro impegno di lavoro. Ancora uno. Gandini era estenuato, eppure per nulla al mondo avrebbe rinunciato a quella cena. Doveva incontrare il provveditore agli studi della sua provincia, quello stesso professor Potenza che negli anni dei suoi furori giovanili aveva entusiasticamente contestato dalle pubbliche piazze. Proprio lui aveva inventato lo slogan che gli studenti urlavano in tutti i cortei: «Barone Potenza, rasenti l'indecenza». Che vergogna! E pensare che a quei tempi era stato orgoglioso della grande popolarità ottenuta dal verso di ribellione non precisamente alato. Certo che la vita si prende delle belle rivincite, pensava Gandini.

Già il giorno precedente gli aveva fatto uno stranissimo effetto sentire così mellifluo e remissivo al telefono l'uomo che, pur da avversario, aveva sempre considerato un personaggio potentissmo.

Mentre sedeva nel raffinato ristorante con l'anziano professore, l'onorevole provava suo malgrado un sottile compiacimento. «Se mi vedessero i miei ex compagni di università» si diceva. Poi ricordava che quel signore col quale stava amabilmente chiacchierando si era rifiutato per mesi di riceverlo. Lui e altri rappresentanti degli studenti avevano bivaccato in permanenza o quasi nella sua segreteria mentre un'impiegata stizzosa, ogni mattina, come celebrando un rito *sui generis*, fingeva di chiamare la polizia.

Il professor Potenza era venuto per fargli presenti alcuni problemi della sua provincia e per suggerire alcuni emendamenti a una legge che si stava attualmente discutendo alla Camera. Gandini non approvava nessuna delle sue proposte, ma si guardava bene dal lasciarglielo capire.

Al momento di pagare il conto ci fu un vivace duetto tra lui e il suo ospite. «Non posso permetterglielo, caro professore!» dichiarò l'onorevole con ferma cortesia, e con studiata noncuranza porse la sua carta di credito al cameriere.

Subito, scandita e netta come un segnale d'emergenza, dentro gli risuonò la domanda: «E se si fosse smagnetizzata?».

Ma quel pensiero fu sopraffatto da altre riflessioni meno balorde: ormai poteva permettersi un ristorante chic senza problemi. Lui che quando era costretto a portare qualcuno a cena passava tutta la serata nell'ansia che il conto fosse troppo alto. Ma questo accadeva prima che fosse eletto al parlamento. Che conforto ora potersi permettere di cenare tranquillamente in un locale esclusivo a dispetto dei prezzi esosi! Nell'uscire dal ristorante Gandini si accorse che a un tavolo d'angolo, circondato dalla sua vasta corte, sedeva un popolarisssimo uomo di governo. «Ciao ministro» salutò con qualche ostentazione. «Ué, carissimo...» rispose l'altro, trasferendo nel suo pigro sorriso la stessa flaccida condiscendenza che emanava da tutta la sua persona. Potenza fu visibilmente colpito dalla plateale cordialità che l'influente personaggio accordava al suo ex contestatore. Gandini se ne accorse e gongolò.

«Ha preso casa a Roma?» s'informò il provveditore mentre camminavano nella fresca brezza della sera. «No, sono in hotel. Costa di più ma almeno non ho seccature. E poi la vita dei politici è così stressante che voglio almeno concedermi tutto il confort possibile.»

La vita di Gandini era davvero cambiata radicalmente. Nei primi mesi si era detto che sarebbe rimasto in albergo solo finché non avesse trovato una casa. Poi cominciò a scartare una dopo l'altra tutte le proposte che gli facevano. Non gli andava di dividere un appartamento con altri colleghi e di tutte le case che gli avevano mostrato non gliene era piaciuta nessuna. In realtà, e faceva fatica ad ammetterlo persino con se stesso, le trovava tutte troppo modeste. Si era abituato al clima lussuoso e un po' decadente del suo centralissimo hotel. Quando rientrava alla sera, a qualsiasi ora, il portiere lo salutava con deferente cordialità: «Buona sera onorevole!». I clienti che si erano attardati tra i vistosi specchi policromi dell'atrio, alzavano gli occhi curiosi su di lui. E questo gli dava un confortante senso di sicurezza. Sapeva perfettamente di star godendo di privilegi che non aveva creduto possibili nemmeno nei suoi sogni più audaci. Naturalmente si era conquistato con l'impegno e con l'intelligenza tutto quello che aveva. Era moltissimo, ma se l'era meritato.

Arrivò in albergo relativamente presto. Non c'era molto da dire con il provveditore e per una sera poteva andarsene a letto prima del solito. Appena fu in camera telefonò a Elvira preparandosi mentalmente a sentire la quotidiana dose di lamentele. «La solita giornataccia?» gli domandò invece lei con apparente sollecitudine.

«Più o meno. Sai chi avevo a cena stasera?» E cominciò a

descrivere l'incontro con Potenza con esagerata dovizia di particolari. Sapeva che con quel diluvio di inezie voleva riempire il tempo della telefonata, rassicurare la sua compagna e forse impedirle di dirgli cose sgradevoli. Elvira stette al gioco e si finse interessata e divertita. Ma lui la conosceva bene e gli sembrava che dal ricevitore gli arrivassero ondate di gelo. Si salutarono con le parole di rito: «Buona notte, amore, buona notte».

L'onorevole sospirò perplesso. Elvira non capiva, e forse non era obbiettivamente comprensibile, che le sue giornate romane fossero una specie di vuoto delirio. È impossibile spiegare la malsana inerzia che ci assale in quel palazzo, pensò, così com'è difficile per chi è al di fuori credere che si possano passare ore stravaccati su un divano senza trovare la forza di raggiungere i telefoni e chiamare casa.

Era questo l'aspetto della sua vita di parlamentare che lo sconcertava di più. Era diventato un pendolare. Ma non solo perché ogni settimana doveva vivere tre giorni a Roma e tre nella sua città. Il pendolarismo era diventato anche uno stato d'animo che alterava subdolamente la sua visione del mondo. A Roma assumevano un'enorme importanza persone e fatti che alla fine della settimana, quando rientrava a casa, scoloravano di colpo, soppiantati da ben diverse tensioni interne. Anche Elvira, che pure era la persona più importante della sua vita, nelle vischiose giornate romane usciva, per così dire, dal campo visivo e il pensiero di lei impallidiva: a volte gli accadeva perfino di non telefonarle semplicemente perché ne aveva dimenticata l'esistenza. Come poteva spiegare queste cose alla sua compagna senza spaventarla o ferirla? Con lei bisognava andare coi piedi di piombo. Elvira gli voleva molto bene ma non aveva perso il senso critico nei suoi confronti. Dei due era lui il più innamorato, o almeno quello più bisognoso di conferme continue.

Elvira era una donna bellissima e quando l'aveva conosciuta, affascinante e inaccessibile, aveva acceso in lui una passione divorante che per mesi lo aveva fatto sentire come un malato, frenetico, ansioso, perennemente inquieto. Lei era sposata e all'inizio non gli aveva dato nessun segno di disponibilità. Poi, pur continuando a dirgli di no, aveva lasciato il marito, un industriale ricchissimo. Questa era stata la fase più bruciante del loro rapporto. Gandini osava sperare che l'avesse fatto per lui, anche se aveva abbracciato con ardore la sua causa politica, ma non riusciva a capire perché dal momento che era libera continuasse a negarsi. Certo Elvira sapeva come tenere acceso il desiderio di un uomo. Ancora oggi, dopo quasi quattro anni di relazione finalmente ufficializzata, insisteva per conservare il suo appartamento e di tanto in tanto decideva di trascorrervi qualche giorno, gettandolo nell'incertezza e nel sospetto.

Solo da quando era venuto a Roma la continua tensione che lei gli procurava si era andata via via allentando.

Si mise a letto e la richiamò. «Questa sera non mi hai nemmeno sgridato!» si lamentò scherzosamente. Chiacchierarono un po', ma Gandini avvertiva il peso di una conversazione senza argomenti e senza calore. Non riuscì a ottenere dal loro chiacchiericcio quel che aveva sperato: un viatico per la notte che lo liberasse dall'ansia sottile ma fastidiosa che l'aveva afflitto per tutto il giorno. Non guardò nemmeno i giornali, tentò di dormire subito.

L'ultima cosa che intravide mentre spegneva la luce fu la sua giacca ordinatamente disposta sul portabiti. Ho fatto bene a comprarla, pensò, è proprio bella. Ma col buio gli si presentò anche l'immagine delle tessere magnetiche nella tasca interna della giacca nuova. Si voltò dall'altra parte, spostò il cuscino, respinse le coperte e attese il sonno. Il pensiero di tutti quei cartoncini colorati gli stava invadendo la mente e forse, a giudicare da come si era messo a battere, anche il cuore. «Sto diventando pazzo» si disse spaventato. Gli sembrava che nella sua giacca si fosse attivato un campo di forze invisibili e ostili che lo investivano subdolamente. Si sentiva come immerso in una specie di nebbia che gli toglieva il respiro. Era scosso da un violento tremito e una paura cupa, oppressiva, si stava impossessando di lui. Spostò di nuovo il cuscino e si tirò le coperte sulla testa come un improbabile scudo: cercava di rannicchiarsi tutto, immaginando che facendosi piccolo avrebbe offerto meno punti d'attacco al nemico invisibile. Tentò di mantenere un minimo di razionalità. Non poteva certo arrendersi a quell'incredibile sensazione. Ma l'angoscia non si placava. Decise di accendere la luce e provò a distrarsi scorrendo i giornali che aveva tenuto sotto il braccio tutto il giorno senza trovare il tempo di darvi un'occhiata. Fu inutile, l'ansia si era un po' attenuata, ma non riusciva a concentrarsi. Cercò persino di leggere il fondo di un irriducibile avversario politico per prendere una sana arrabbiatura e dirottare la sua tensione.

Dove va a finire il magnetismo delle tessere? Non fa certamente bene tenersele addosso per giornate intere. Riusciva a leggere solo questo su tutti i giornali che prendeva in mano, non perché vi fosse scritto, ma perché ormai la sua mente era diventata una lente malefica che distorceva ogni cosa. Alla fine, pur rendendosi conto di essere ridicolo, andò a sfilare il portatessere dalla giacca e lo portò in bagno. Lo depose sulla mensola e chiuse accuratamente la porta. Questo gli consentì finalmente di dormire.

La mattina dopo, rivedendo le sue tessere sulla mensola del bagno, sorrise. «Ho mangiato troppo ieri sera» si disse, e non ci pensò più.

Nel pomeriggio si trovò di nuovo ad attraversare da solo il corridoio dei presidenti e mentre cercava di percorrere velocemente quel nido di brutti pensieri, sentì nel petto un allarmante senso di oppressione. Un altro avrebbe pensato: l'infarto. Ma lui non ebbe dubbi, erano le tessere magnetiche a fargli del male. Era così dilaniato dalla tensione che decise di non tentare nemmeno di resisterle. Si arrese senza condizioni. Raggiunse il commesso e, cercando di mascherare l'ansia che lo divorava, domandò: «Non avrebbe per caso una borsina di carta?». L'altro frugò inutilmente nei cassetti, poi scotendo la testa con disappunto gli mostrò un sacchetto di plastica bianco tutto sgualcito. «Ho solo questo onorevole,» si scusò «ma non credo...»

«Non si preoccupi» fece Gandini afferrandolo fulmineamente. «Va benissimo.» Prese la borsa e cercò di spianarne le grinze. Poi, mentre si allontanava, trasse dalla tasca interna della giacca il portatessere e lo buttò nel sacchetto.

Per tutta la mattina girò per sale e corridoi reggendo l'informe borsa come una massaia al mercato. Si sentiva ridicolo ma almeno quel maledetto magnetismo era lontano dal suo corpo e dagli organi vitali come il cuore e i polmoni.

Solo nel pomeriggio riuscì ad andare in albergo e a sostituire il sacchetto con una vera, elegante cartella. Aveva anche pensato di lasciare le maledette tessere all'hotel, ma di alcune non poteva fare a meno. Dall'interno del palazzo si poteva telefonare solo con le speciali carte parlamentari e lì dentro si rimaneva dodici ore al giorno, a volte anche di più.

«Non è poi un gran male girare con una borsa» si consolava. «Finalmente smetterò di perdere fogli e documenti.»

Quella settimana gli era sembrata particolarmente lunga e faticosa. Quando finalmente prese l'aereo per tornare a casa si ripromise di dedicare il weekend solo a se stesso e a Elvira.

Ma lei non era dell'umore giusto e litigarono per un motivo veramente assurdo. Gandini portava un bellissimo e costosissimo blazer di cachemire al quale non aveva saputo resistere. «Quanto l'hai pagato?» domandò Elvira in tono da inquisitore. «Quanto un monolocale al Pantheon» tentò di scherzare lui. Ma Elvira lo costrinse a dirle la cifra esatta e del prezzo astronomico fece un *casus belli*. «Ti sei montato la testa» gridava inferocita. «Proprio tu che mi hai insegnato a disprezzare i cosiddetti valori borghesi!»

«Ma perché il meglio della vita dovremmo lasciarlo solo a lorsignori? Ora posso permettermelo anch'io finalmente» tentò di difendersi Gandini con scarsissima convinzione.

«È che sei diventato uno di loro» constatò lei con amarezza e aggiunse perfidamente: «Se è per questo che ti sei battuto...».

L'onorevole non resse quella bassa insinuazione e intuì che lei stava indirettamente rimproverandogli di esser diventato come l'ex marito. Così riemersero le antiche gelosie o forse più semplicemente lui era stato toccato in un punto debole. S'infuriò e sciorinò a sua volta tutte le cose cattive che qualche volta, di sfuggita, gli era capitato di pensare. «Sei semplicemente gelosa. Fai la moralista solo perché l'invidia ti divora.» Era troppo. Elvira afferrò la borsetta e uscì sbattendo la porta. Non la rivide e nemmeno la cercò.

Il martedì mattina ripartì per Roma più teso e scontento che mai. Alle tessere non aveva più avuto modo di pensare, ormai le teneva nella borsa, a distanza di sicurezza. Ma l'espediente smise di funzionare molto presto. Gandini cominciò ad avvertire una specie di formicolio alla gamba destra, proprio dove camminando la borsa lo sfiorava. Era solo un leggerissimo fastidio, una sorta di indolenzimento dovuto forse alle troppe ore trascorse seduto. Ma qualcosa dentro di lui si mise in allarme: le tessere, quelle maledette tessere mi hanno magnetizzato l'articolazione del ginocchio. La mano che stringeva il manico della borsa cominciò a sudare. Strano, pensò, suda solo il palmo della destra. Sentiva il resto del corpo gelato e secco. Dovette sedersi e respirare fondo. Decise di «perdere» la borsa. Non gli importava niente, proprio niente dei documenti e delle importantissime relazioni che conteneva. Doveva solo liberarsene, allontanare al più presto da sé quella minaccia mortale. Lasciò tutto sul divano e si allontanò furtivo, guardandosi alle spalle come se avesse appena commesso una cattiva azione. Si rifugiò in una toilette e lì, a porta sbarrata, si dedicò a una serie di prove: allungò la gamba, l'alzò, piegò ripetutamente il ginocchio. Il fastidio di poco prima era passato, ma lui non si calmò, anzi gli sembrò di ricevere la temuta conferma: era stata proprio la borsa a causargli quella misteriosa alterazione.

Scese al ristorante, cercò un tavolo vuoto e vi si rifugiò cupo e depresso. Stava cercando di ingollare alla svelta una pastasciutta troppo unta quando gli si avvicinò un commesso di implacabile cortesia per consegnargli la cartella ritrovata. «Di già?» si lasciò sfuggire senza riflettere. E istintivamente fece il gesto di respingerla. L'uomo lo guardò sconcertato, ma non poté dire nulla perché in quell'istante gran parte del contenuto del piatto che l'onorevole aveva davanti gli era finito in grembo. Un autentico disastro. Il commesso si scusò confuso come se la colpa dell'incidente fosse sua. Gandini era scattato in piedi e si contemplava i pantaloni vistosamente macchiati. «Può scendere in guardaroba» consigliò l'altro come per rimediare.

L'onorevole scoperse così che fra i tanti servizi che il palazzo offriva c'era una specie di pronto soccorso per incidenti sartoriali.

Seguì le istruzioni e si trovò nel salone parallelo al transatlantico, enorme e deserto quanto l'altro era animato. I suoi passi rimbombavano con assurda sonorità e lui infastidito si costrinse a camminare più piano. Raggiunse una grande porta a vetri e la varcò. Sorpreso, si trovò su una scala fredda e disadorna in vistoso contrasto con la parte del palazzo che frequentava di solito. «Sono le viscere del parlamento» pensò rabbrividendo e si domandò quali spiriti ostili aleggiassero in quegli anditi remoti. La luce era scarsissima e lui scendeva aggrappato al corrimano come per proteggersi da oscure presenze. Al primo pianerottolo svoltò imboccando un corridoio ancora più buio e inquietante e infine, guidato da un vivace chiacchierio, arrivò in sartoria. «Deve toglierseli» gli ordinò una guardarobiera indicando i suoi pantaloni con la massima naturalezza. Gandini si appartò dietro una tenda e restò lì sconsolato in mutande mentre la volenterosa signora cercava di rimediare al danno. «Ecco chi sei veramente caro onorevole, un uomo in mutande!» si disse con una punta di amara cattiveria.

In aula si stava discutendo un importante provvedimento. Gandini, in attesa di prendere la parola, non era particolarmente emozionato. Aveva pronta la sua relazione e il tema lo appassionava molto. Andò a sedersi accanto a Millari, un vecchio collega molto autorevole, e chiacchierò un po' con lui. «Tuo padre era un uomo straordinario» gli disse l'anziano deputato. «Sempre pieno di entusiasmo, instancabile e intelligente. Ha dato un grande contributo alle lotte sindacali. Sono contento che tu abbia ereditato la sua passione politica.» Forse perché non era troppo in forma, Gandini fu preso da un'imbarazzante commozione per quelle parole, dette forse solo per ingannare il tempo. Aveva sempre rimpianto che suo padre non fosse vissuto abbastanza da vederlo sedere in parlamento, ma questo non giustificava il nodo che adesso gli chiudeva la gola. Cercò di cambiare argomento e buttò là qualche battuta sulla barbosa prolissità dell'oratore di turno. C'erano altri due iscritti a parlare prima di lui e il tempo passava lentissimo. Si poteva restare per ore in quell'aula senza capire se era giorno o notte: le grandi vetrate che facevano da soffitto lasciavano filtrare una luce curiosamente falsa e immobile che, a qualsiasi ora, ricordava l'«effetto giorno» dei riflettori teatrali. Cosicché, anche alle undici di sera, alzando lo sguardo ci si poteva illudere che il tempo si era fermato e con lui anche gli eventi.

Gandini cominciò a sentirsi oppresso e, per distrarsi, ripassò mentalmente la scaletta del suo intervento. Ma quasi subito si accorse con orrore che non riusciva a ricordarne i punti salienti. Contemporaneamente, lungo tutto il braccio destro, su su fino alla spalla e al collo, cominciò a corrergli una specie di scossa elettrica accompagnata da una trafittura ostinata e dolorosa. Non capiva se a sconvolgerlo fosse la sofferenza fisica o la paura per l'improvviso silenzio della sua mente. Tremava e sudava freddo ma non voleva consultare i suoi appunti per non confondersi di più. Era completamente intorpidito nel corpo e nei pensieri, sentiva solo quell'orribile dolore alla spalla. «Ha chiesto la parola l'onorevole Gandini» diceva intanto il presidente. «Ne ha la facoltà.» Lui si alzò a fatica, rigido e gelato, e cercò di guadagnare tempo aggrappandosi alla formula di rito: «Signor presidente, onorevoli colleghi, io...» e non riuscì a ricordare altro. Nella sua testa c'era un solo pensiero: le tessere magnetiche di Millari, seduto accanto a lui, l'avevano contaminato. Si sforzò di non urlare. «Il mio gruppo politico...» disse facendo sforzi inauditi per articolare le parole. «Il mio gruppo politico voterà contro questo provvedimento e...» D'un tratto barcollò e si accasciò sul banco, pallido come un morto. I colleghi lo guardarono interdetti: il suo intervento era atteso come uno dei più importanti e significativi. Lui cercò di giustificarsi: «Non mi sento bene» mormorò. «Ho avuto un capogiro. Vado a farmi vedere dal medico.»

Rifiutando la compagnia che gli offrivano uscì alla cieca dall'aula e, affrontando un corridoio che gli pareva interminabile, arrivò alla tenda di velluto rosso dell'infermeria.

Il dottore compì i soliti riti: polso, pressione e chiacchiere. Gandini gli descrisse tutti gli strani malesseri che l'avevano afflitto negli ultimi giorni: l'oppressione al petto, il male alla gamba e al braccio. Aveva una gran voglia di raccontargli la sua pazza paura delle carte magnetiche, gli sarebbe piaciuto verificare, parlandone con qualcuno, se la sua idea era proprio demenziale. Ma non se lo poteva permettere e poi sapeva che le rassicurazioni non sarebbero servite. Sì, avrebbe fatto tutte le analisi che il dottore gli stava prescrivendo. Sì, sarebbe tornato a farsi vedere, promise, e si congedò pieno di confusione.

Aveva un gran bisogno di Elvira, ma temeva che fosse ancora risentita. Decise di ricorrere a uno stratagemma un po' sadico.

«Buona sera signora, qui è l'infermeria della Camera dei deputati...» L'assistente sanitaria aveva un tono rassicurante mentre spiegava: «L'onorevole Gandini si è sentito poco bene... No, no, niente di allarmante... glielo posso passare, attenda».

Elvira era una donna concreta e sbrigativa. Se era sconcertata non lo diede a vedere. «È solo un po' di stanchezza» le spiegò Gandini in tono lievemente vittimistico. «Potresti prendere qualche giorno di congedo e venire a Roma?» Funzionò. Forse anche Elvira aspettava un ramoscello d'ulivo e accettò senza difficoltà. «Prendo il treno delle otto, domattina» annunziò. «Il treno?» fece lui stupito. «Sì, il treno» insisté Elvira. «L'aereo costa troppo per me.» Lui stava per replicare stizzito, ma si trattenne, aveva troppo bisogno di lei in quel momento.

Quasi subito si sentì meglio, il medico gli aveva dato un ansiolitico ma a calmarlo era stata l'idea dell'imminente arrivo di Elvira. Nel transatlantico si unì curioso a un gruppo di deputati e di giornalisti che stavano facendo il programma per la serata. Gandini aveva sempre evitato di uscire con i suoi colleghi. Lo infastidiva il clima da collegio o, peggio, da caserma, che a volte si creava in quei gruppi. Da quando era a Roma preferiva cercare qualche vecchio amico che risiedeva in città, oppure andava al cinema con qualche solitario come lui. Ma quella sera si lasciò tentare: erano tutti invitati nell'ospitale e prestigiosa villa di una ricchissima e notissima signora, star dei salotti romani. Fu una serata insolita ma divertente. Chiacchierò per tutto il tempo con una giovane donna molto carina che lo lusingò con il suo evidente interesse per lui. «Non ti ho mai visto nel transatlantico» gli disse scrutandolo con curiosità. «Sei uno di quelli che lavorano nell'ombra?» Lei era una giornalista parlamentare. Gandini non capiva bene se era più attratto dalla sua avvenenza o dalle prospettive che gli apriva l'amicizia con una rappresentante del quarto potere. Decise che era un incontro fortunato per entrambi i motivi.

La ragazza teneva molto a conoscere la sua opinione su una legge che, se approvata, avrebbe favorito gli interessi di un noto costruttore romano. Gandini le diede un parere molto critico ma non le bastò. Si misero a discutere vivacemente, ma senza ombra di animosità. Lei difendeva il costruttore e i suoi affari che Gandini definiva loschi. A un certo punto l'intraprendente signorina si distrasse: era arrivato un nuovo ospite, un uomo corpulento dal tratto arrogante. «Ciao Arturo» lo salutò con slancio. «Vieni che ti presento un nemico» soggiunse ridendo. Fu così che Gandini conobbe il personaggio sul quale fino a quel momento aveva espresso giudizi severissimi. Non riuscì a essere disinvolto: l'altro aveva il piglio del potente e inspiegabilmente lo intimidiva. Si scambiarono alcune frasi di circostanza, poi il commendatore lo invitò per la settimana seguente a una festa nella sua villa di campagna. Gandini, meravigliato di se stesso, non rifiutò. La giornalista sorrideva con aria complice e lui non provò nessun risentimento nei suoi confronti. Anche di questo si stupì. In altre circostanze si sarebbe offeso e avrebbe reagito aggressivamente. Ma la ragazza era molto garbata e per giunta gli piaceva. Si lasciarono alla fine della serata scambiandosi i numeri telefonici.

Lei chiamò l'indomani mattina alle dieci, prima che Gandini avesse il tempo di ripensare alla serata. «Ho ancora un sacco di domande in sospeso» gli comunicò. «La mia curiosità di cronista è rimasta inappagata. Potremmo vederci a cena, stasera.» L'onorevole era francamente imbarazzato. Scherzò: «Sono un ragazzo di campagna, non credo di poter suscitare interesse o curiosità». L'intraprendente fanciulla si sbilanciò anche di più. Gandini era piacevolmente teso. Ma all'una arrivava Elvira.

«Questa settimana mi è impossibile» sospirò con autentico rimpianto. Poi, temendo che l'occasione non si sarebbe ripetuta, si affrettò ad aggiungere: «Fissiamo fin da adesso il giorno». Si accordarono per il mercoledì successivo. Ma un'ora dopo la trovò nel transatlantico. Lei gli andò incontro brandendo il taccuino. «Fammi un commento sulle dichiarazioni che ha rilasciato il ministro degli Esteri poco fa...» Si sforzò di trovare qualcosa di originale da dirle. Era molto compiaciuto all'idea che su uno dei più importanti quotidiani nazionali uscisse un suo parere. Senza contare che, politicamente, anche all'interno del suo partito questo genere di cose contava molto. Ma non furono le considerazioni politiche a eccitarlo. Calcolò mentalmente che mancava più di un'ora all'arrivo di Elvira. Prese la ragazza per un braccio e si allontanò con lei dal gruppo che li circondava. «Andiamo a bere qualcosa fuori di qui.»

Uscirono e lui si stupì che fuori ci fosse il sole. «Stando rinchiuso lì dentro non mi accorgo nemmeno del tempo che fa» si lamentò. Continuava a serpeggiargli dentro una stupida eccitazione. Lei rideva di niente, scoprendo i denti piccoli e aguzzi. La piazza del Pantheon era semideserta, o forse era lui che vedeva solo la donna al suo fianco. Il sole filtrava da enormi nuvole ricciute creando una fantastica luce grigio-argentea. Ebbe una voglia insensata di dirle: «Vorrei far l'amore con te, ora, subito». Invece inopinatamente le domandò: «Usi carte magnetiche?».

«Come tutti» si meravigliò lei. «Perché me lo domandi?»

Fu un attimo: «Perché mi sento attratto da te come da una calamita». Brillante! Peccato, pensò, che lei non possa apprezzare la genialità del complimento.

Ormai l'incantesimo era rotto. L'improvvisa irruzione della sua paura nel clima acceso che si era creato riportò la conversazione a livelli normali. Per la prima volta la ridicola ossessione delle tessere gli aveva dato una mano, difendendolo da quell'impulso sconsiderato che lo avrebbe messo in grave imbarazzo. «Ora devo proprio andare» si scusò guardando l'ora. «Ma tanto adesso che ci conosciamo ti vedrò ogni mattina lì dentro.» La bella, prima di allontanarsi, si premurò di ricordargli che avevano già fissato un appuntamento meno casuale. Gandini sospirò: quella donna era pericolosa.

Elvira gli sembrò distesa e affettuosa. Fecero una bella passeggiata a piedi arrivando fino al Pincio. «È incredibile,» rifletté lui a voce alta, « da quando sono a Roma non sono mai riuscito a camminare un po' per il centro.» Elvira era contenta e cercava di farglielo capire stringendogli forte la mano. Gandini era sollevato: ora finalmente avrebbe potuto parlarle della strana fissazione che lo affliggeva. Lei era l'unica persona alla quale si sentiva di confessarlo, e comunque doveva dirglielo, almeno per vedere che effetto faceva anche a lui quell'assurdità tradotta in parole.

Aspettò di essere seduto al ristorante per cominciare il discorso. Parlava scrutando il viso della sua compagna, non voleva perdere una sola delle sue reazioni. Vide lo stupore, il divertimento e lo sconcerto negli occhi di lei. «Ma come ti può essere venuta in mente una stramberia simile?» esclamò Elvira domandandolo più a se stessa che a lui. Poi partì all'attacco: «Che sia assurdo lo sai anche tu. Ci hai pensato che se quelle povere tessere fossero nocive, saremmo già tutti morti? Ormai anche le massaie girano con le carte magnetiche in borsetta».

«So benissimo che è insensato. Ma è come un pensiero parassita che mi si piazza in testa e si alimenta a spese di tutte le altre idee. E mi capita persino di dirmi che, a dispetto delle apparenze, quel che mi tormenta non è poi tanto irrazionale. Mi tornano in mente tutte le volte che si è scoperto in ritardo che qualcosa faceva male alla salute. Ricordi il caso dell'amianto, ad esempio? Mio padre aveva messo in casa un pannello di amianto tra l'armadio e il calorifero per evitare che il caldo rovinasse il mobile. Anni dopo abbiamo letto sui giornali che era cancerogeno e ne hanno proibito gli usi domestici. E, guarda caso, mio padre è morto di cancro.»

«Così l'amianto avrebbe avuto una particolare antipatia per tuo padre? In famiglia eravate in tanti, perché se ne è ammalato uno solo? Via, sono proprio sciocchezze» sorrise ironica Elvira. «Tu e i tuoi furori ambientalisti! Piuttosto dovresti cercar di capire perché all'improvviso ti sono venute queste fisime. La prima volta è stato quando in banca ti hanno detto che la tessera si era smagnetizzata, vero?»

«Sì, ma non è stata una sensazione paurosa, solo una vaga inquietudine. Nei giorni seguenti invece... È strano, sembra che avessi pronta una bella carica di ansia e che aspettassi una scusa per tirarla fuori. Quando la tessera si è smagnetizzata ho afferrato l'occasione al volo.»

«Bisogna vedere se adesso l'ansia è finita o se questa storia durerà un pezzo» fece lei con un filo d'irritazione nella voce. «Dove le hai adesso le tessere?»

«O mio Dio! » esclamò Gandini. «Le ho lasciate al guardaroba della Camera. E ora come lo pago il conto?»

Lei rise di cuore. «Allora è un volgare espediente per farti offrire la cena! Stai facendo un buon uso delle tue carte, mi pare, più saggio di quello cui sarebbero destinate.»

Gandini non si rilassò: «Te l'immagini che figura se avessi avuto un ospite? No, bisogna che mi liberi di questo pensiero parassita».

Lei gli strizzò un occhio. «Stasera proverò io con un mio metodo personale... una terapia di grande efficacia.»

Erano mesi che non stavano più insieme con l'intensità e l'appagamento di quella sera. Elvira si girò piano nel letto per non svegliarlo. Non era arrivata a Roma ben disposta; durante l'ultimo litigio si erano detti cose atroci e lei non riusciva a perdonargli l'accusa di essere invidiosa. Poi quella telefonata dall'infermeria della Camera, fatta col preciso intento di spaventarla e di commuoverla, anziché irritarla l'aveva intenerita.

Pensava alle buffe paure del suo compagno e si domandava che senso avevano. I suoi pensieri oscillavano senza sosta: in certi momenti le strane idee di Sergio la preoccupavano, e molto, in altri le sembravano persino divertenti. Forse sta per ammalarsi, pensava preoccupata, e le sue strane paure sono una specie di preavviso, un segnale d'allarme che gli manda il suo corpo perché si difenda in tempo. Ma poi le sue ipotesi sembravano troppo fantasiose e le respingeva. E si metteva a cercare altre spiegazioni. Una però prevaleva su tutte e le sembrava la più credibile e realistica. La paura di essere contaminato dal magnetismo delle sue tessere aveva una precisa corrispondenza con qualcosa che stava veramente accadendo al suo uomo nella realtà. Sergio si stava davvero magnetizzando a poco a poco.

In meno di un anno, da quando era stato eletto alla Camera dei deputati, Elvira aveva notato in lui una serie di cambiamenti, dapprima impercettibili, poi sempre più vistosi. Nel comportamento, nelle aspettative, nel modo di parlare, nell'attenzione che dedicava alle persone e alle cose. A volte lo aveva accompagnato a incontri e manifestazioni ufficiali e si era stupita e un po' infastidita nel sentire che si presentava dicendo: «Sono l'onorevole Gandini». Ed era ancora più sorpresa e avvilita quando in teatro lui reclamava dei posti in prima fila, con un tono da «lei non sa chi sono io». Gliel'aveva anche fatto notare più di una volta. Ma lui si era difeso spiegandole con sufficienza che se esigeva rispetto era per le istituzioni che rappresentava, non per se stesso.

Elvira non era affatto convinta e assisteva desolata alla lenta ma inesorabile corrosione che la nuova vita operava in lui.

Sergio, che era sempre stato mite e gentile, adesso era diventato aggressivo e a tratti persino arrogante. Un tempo era semplice e schietto e lei lo aveva amato per questo, ma ora lo vedeva inseguire il successo, il lusso e i privilegi. Non era una moralista, come lui le rinfacciava troppo spesso. E tanto meno era invidiosa. Soltanto lo guardava spassionatamente dal di fuori ed era costretta a constatare con apprensione che stava cambiando, e come.

Elvira era sicura che il suo compagno non poteva ignorare tutti quei mutamenti. Era troppo sensibile e intelligente per non rendersi conto della nefasta attrazione che il prestigio e la ricchezza esercitavano su di lui. Ma non voleva ammetterlo, forse mentiva persino a se stesso.

La paura del magnetismo in realtà era una specie di oscura presa di coscienza del suo progressivo cedimento a modelli che in passato gli erano stati estranei e persino odiosi.

Elvira si agitò nel letto. Tutto le sembrava così chiaro, adesso. Ebbe, fortissima, la tentazione di svegliarlo per dirglielo. Forse, se lui avesse accettato la sua analisi, si sarebbe definitivamente liberato della paura. Invece si trattenne.

«Mi ripeterà che sono invidiosa dei suoi successi» sospirò avvilita. Ma non fu questo a trattenerla. Di colpo le venne in mente che in fondo la fobia delle carte magnetiche era un ostacolo alla resa definitiva del suo uomo. Un occulto invito a restare se stesso contro gli allettamenti del potere.

«Se glielo spiego gli passa la paura e non si salva più» pensò. «Sarà meglio che soffra ancora un po'. Non glielo dirò, né oggi né mai» si ripromise con una sorta di malandrina beatitudine. Poi chiuse gli occhi e cadde in quello che, impropriamente, vien definito il sonno dei giusti.

Le strade strette

Le prime a tradire son le gambe. Sono decisamente inaffidabili: come mi trovo nei guai non posso più contare sulla loro solidarietà. Sapevo benissimo che questa strada, man mano che si scende verso il mare, si restringe fino a ridursi a un carruggio buio e senza sole. Ma loro, le gambe, non hanno voluto ascoltare l'allarme che pure ogni parte di me andava trasmettendo. Han voluto proseguire a tutti i costi. Succede sempre così: quando mi trovo in una situazione a rischio, invece di scappare ho l'impulso di andare avanti, di verificare fino in fondo se anche quella volta ci sarà la solita esplosione d'ansia. E puntualmente arriva.

Sembra che questo vico del Fieno mi aspetti da anni per imprigionarmi e farmi soffocare. Man mano che tento di proseguire, la stradina mi si stringe addosso. Non vedo più persone e cose intorno a me. Tutto è immerso in uno spaventoso silenzio. Sento solo l'ansito penoso del mio respiro e mi pare che tutto il vicolo – i muri delle povere case, i portoni, perfino l'asfalto sotto i miei piedi – ansimi e soffi con me. Sembra che all'improvviso delle gigantesche ali nere abbiano cominciato a battere ritmicamente sopra la mia testa. Sono come ali di pipistrello, non fatte di piume ma di sottili membrane tese su minacciosi artigli. Le ali, lente e solenni, si allargano e si stringono, con un movimento torpido e regolare. Quando l'apertura è al massimo mi nascondono il minuscolo lembo di cielo che conforta il vicolo. Non mi è ostile questo luogo, ma è stato travolto insieme a me dall'oscuro terrore che, forse a mia insaputa, è sempre appollaiato sulle mie spalle e si sveglia nei momenti più impensati.

Dalla strada, a un tratto, sale un'eco di piccoli colpi brevi e cadenzati: tun-tun, tun-tun, tun-tun. Lo sento via via più forte, più intenso e mi riempie di gelido orrore. Sembra che venga dall'asfalto, forse dal sottosuolo, e batte implacabile e cupo: tun-tun, tun-tun, tun-tun. Ma questo suono mi è familiare. Lo so, è il battito ingigantito del mio cuore che si trasmette a tutto il vicolo e lo fa pulsare pazzamente come se ci fossimo scambiati le parti e lui fosse me e io fossi tutto ciò che mi circonda. Ho perduto i confini del mio corpo, mi sento dilatato e perduto. Non posso che assecondare il panico mortale di questi momenti. Forse riuscirò ancora una volta a superare la crisi e poi non mi metterò mai più in una situazione come questa. Ho paura delle strade strette e, in genere, di tutti i luoghi che non si aprono su orizzonti ampi e sicuri. Ma il mio cliente è proprio lì, in vico del Fieno numero 12. Se oggi scappo di qui dovrò tornarci domani. Non posso continuare a cambiar lavoro: mio padre non riuscirebbe a perdonarmi, questa volta. Non me lo ha mai detto esplicitamente, ma dev'essersi convinto che sono un perdigiorno con poca o punta voglia di lavorare. È difficile per lui capire, anche perché non gli parlo certo delle mie crisi e dell'incubo che rappresentano per me.

Gli ho dato un grande dolore quando ho lasciato il posto in banca. Non riusciva a convincersi che in tempi di disoccupazione e di crisi uno possa rinunciare a una sistemazione sicura e prestigiosa. Non so quanto abbia capito e accettato le mie giustificazioni: «Mi dispiace tanto, papà. Ma è impossibile per me lavorare nei luoghi chiusi». Lui mi guardava sbalordito: «Tutti lavorano al chiuso...» ha bofonchiato incredulo e amareggiato. Più che in collera era triste, deluso e forse anche un po' spaventato. Quando qualcosa non va in me, tutti in famiglia assumono un'aria di mite rassegnazione, come se il mio disagio rappresentasse un'ineluttabile resa dei conti per tutti loro. Mia madre è morta di mal di cuore quando avevo appena sei anni. È questo che mi ha cucito addosso il ruolo di vittima designata. Tutti han l'aria di aspettarsi che io non sia normale. «Con quella disgrazia sulle spalle, povero amore!» Mia nonna sospirava questa frase almeno un paio di volte al giorno: se portavo a casa un brutto voto, se mi rifiutavo di imparare a nuotare, se mi nascondevo quando venivano i parenti in visita... Da piccolo ero timido e inibito e man mano che crescevo cresceva in me l'idea di non poter fare le stesse cose che facevano i miei coetanei. Forse la mia vita sarebbe stata diversa se invece di compiangermi per il mio stato di orfano, i miei parenti mi avessero spinto a sentirmi una persona assolutamente normale, come forse sono. La mia condizione di bambino provato dalla sorte diventava anche più difficile quando mi mettevo a riflettere sulla malattia che a mia madre era stata fatale.

«Il cuore della mamma si è fermato» mi comunicò mio padre abbracciandomi commosso quella terribile mattina. Non ricordo se fui più sconvolto dalla perdita della mamma o dall'idea che mi perseguita da allora del cuore che batte ma che può fermarsi da un momento all'altro.

Avevo scoperto tragicamente che ci portiamo dentro una piccola macchina infida che batte e batte senza fermarsi, ma... non riuscivo a pensarci senza angoscia: come si può star tranquilli, mi dicevo, sapendo che la vita dipende da un piccolo muscolo che si sottrae alla nostra volontà? Per disperdere l'ansia che quel pensiero mi procurava, da adolescente escogitavo mille rimedi. Ad esempio stavo molto attento a non prendere impegni precisi. Non dicevo mai: «Ci vediamo domani» perché temevo in questo modo di sfidare il mio cuore. Forse è permaloso, pensavo, potrebbe risentirsi del fatto che io faccio progetti ignorandolo. Così, a poco a poco, sono diventato sempre più chiuso e solitario. È difficile avere amici senza darsi appuntamenti o prendere accordi per i giorni successivi. Di tutte le mie stranezze mio padre forse non capiva il senso, ma volente o nolente le accettava. Certo né lui né la nonna hanno mai insistito perché rompessi il mio naturale isolamento. Probabilmente la mia tendenza a restarmene sempre in casa li rassicurava e risparmiava loro l'ansia di pensarmi fuori, chissà dove, chissà con chi. Un altro motivo di consolazione per i miei erano i miei brillanti risultati scolastici. Studiavo molto, ma unicamente perché non mi potevo concedere le piacevoli alternative che di solito distraggono i ragazzi. Ma mio padre, incoraggiato dagli ottimi voti che riportavo, aveva riposto grandi speranze in me. Non poteva certo immaginare, pover'uomo, che gli stessi motivi che avevano fatto di me un brillantissimo studente avrebbero decretato i miei ripetuti fallimenti nel lavoro. Col tempo alla mia paralizzante paura del futuro si era sostituita quella delle strade e dei luoghi stretti che mi affligge ancora. Avevo rifiutato un'ottima offerta di lavoro che prevedeva continui viaggi in treno e in aereo e mi ero illuso che un impiego anonimo in banca sarebbe stato meno inquietante. Ma mi avevano mandato in una piccola agenzia nel centro storico, la mia stanza era molto angusta e aveva il soffitto basso. Mi sono licenziato dopo qualche mese.

Della mia nuova attività di rappresentante mio padre non è affatto contento, aveva ben altre ambizioni per me. Ma almeno un lavoro ce l'ho e questo gli conferma la mia normalità. Come potrei dirgli di nuovo che qualcosa non funziona?

Questi pensieri, anche se carichi di rimpianto e di preoccupazione, hanno avuto il merito di attenuare un po' i tonfi cupi del cuore. Ora mi sembra che quel suono ossessivo si sia placato, il battito mi è ritornato dentro, il cuore è di nuovo al suo posto e anche le gambe, per quanto rigide e intorpidite, cominciano a muoversi in modo più regolare.

Al numero civico 12, il cliente mi accoglie con molta cordialità e a giudicare dai suoi apprezzamenti scherzosi non nota nulla di strano nel mio contegno. Mi conforta sempre molto constatare che i miei attacchi non sono riconoscibili. Almeno quando sarò guarito nessuno mi potrà ricordare questi terribili momenti. Perdo tempo in quel negozio arredato con pessimo gusto e carico di cianfrusaglie polverose. Alle pareti sono appesi quadri che rappresentano panorami d'altri tempi. C'è la solita Napoli dei primi del Novecento con tanto di pino marittimo e pennacchio di fumo sul Vesuvio. E poi una stralunata piazza della Signoria a Firenze completamente deserta. Penso con una fitta di sofferenza che, imprigionato dalle mie paure, vivo una vita senza curiosità e senz'altro interesse che quello di dominarmi e non ho mai visto nessuna di quelle città. «Dove le ha trovate queste fotografie?» domando tanto per dire qualcosa. «Devono essere molto vecchie...»

La sua risposta non m'interessa affatto ma lui, inaspettatamente compiaciuto, diventa loquace: «Eh sì, sono vecchissime. Erano in casa di mio nonno e mi sono sempre piaciute. Già da bambino m'incantavo davanti a queste vedute. Ha notato che non c'è nemmeno una macchina? Adesso invece non ci si può rigirare...». Quest'uomo semplice e di pochissima cultura ha visto mezzo mondo mentre io faccio fatica a voltar l'angolo sotto casa mia. Mi butto in una conversazione scontatissima sui disagi della civiltà, le auto, lo smog, i guasti ambientali. In realtà gli ho fatto la domanda perché, di colpo, sono rimasto a corto di argomenti e tuttavia non mi sento ancora pronto ad andarmene. Fuori mi aspetta quell'angosciante budello di case e non saprei affrontare una seconda crisi: devo guadagnare qualche minuto.

Quando mi decido a uscire è quasi buio. Non è tardi, ma il vicolo è già denso di ombre e di sussurri. Allungo il passo sforzandomi di non mettermi a correre. Nessuno m'insegue: le ali nere mi sono addosso, in un punto imprecisato, forse sulle mie spalle, forse tra la giacca e il cappotto. Meglio camminare piano per non agitarle. Il vicolo questa volta mi sembra corto: faccio pochi metri e già si apre su una strada piena di luci e di movimento. Il respiro è rimasto regolare, il sangue pulsa senza perdere il ritmo. A dispetto delle mie ansie anche questa volta la crisi mi ha immunizzato. Non mi capita mai che la stessa strada stretta mi faccia lo stesso effetto due volte, ma io non smetto mai di aver paura.

Potrò tornare in vico del Fieno con relativa tranquillità. In questo modo allargo i miei confini. Da quando lavoro come rappresentante ho già «conquistato» almeno quattro vicoli. Chissà perché devo pagare prezzi tanto elevati per muovermi nella mia città e fare il mio lavoro. Ora sto bene e sono persino soddisfatto di me stesso. Ho assolto i miei impegni, non ho ceduto all'angoscia e possiedo un pezzetto di città in più.

L'unico vicolo nel quale non tornerò mai è quello dove zio Filippo, un anziano cugino di mio padre, aveva lo «scagno». Era un minuscolo ufficio ricavato nelle soffitte di un antico palazzo. Si trattava in realtà di uno stretto corridoio che si allargava, ma di poco, verso una grande finestra. La scrivania era in un angolo, nella nicchia creata dalle colonne della volta a vela del soffitto. Era come star seduti alla base di un capitello. Ai due lati dello scrittoio le pareti si curvavano dolcemente verso l'alto come due grandi ali di muro. Mi piaceva quella rientranza perché, quantunque fosse angusta e buia, sembrava una tana accogliente e protettiva. A favorire le mie fantasie di avventure corsare, in tutto lo scagno aleggiava un inconfondibile odore di pece e di sartiame. Zio Filippo era un «fornitore di bordo» e in quel luogo incantato si potevano trovare le cose più impensate. Ogni volta che andavo a fargli visita, lo zio mi prendeva sulle ginocchia e mi permetteva di aprire i cassetti nei quali aveva provveduto a disseminare caramelle e leccornie varie. Non so quando mi resi conto che c'era qualcosa di strano in quel che faceva. Forse per molto tempo avevo solo evitato di interrogarmi sulle sue curiose manovre. Il vecchio maiale, mentre mi teneva in braccio, muoveva il bacino prima lentamente, poi ad un ritmo sempre più veloce e in certi momenti mi si schiacciava contro quasi con violenza. Il suo ansito soffocato mi spaventava a morte. Eppure, quando mio padre mi diceva: «Vuoi che andiamo a salutare lo zio?» mi mostravo sempre entusiasta, come se avessi dimenticato il disagio e l'ansia che quelle visite mi procuravano.

Mio padre smise improvvisamente di frequentare il cugino. Non osai allora e non mi sognerei nemmeno adesso, dopo tanti anni, di domandare il motivo di quella rottura. A volte mi è venuto il sospetto che mio padre, rientrando dai brevi giri per commissioni che faceva nei vicoli, abbia capito prima e meglio di me che cosa stava accadendo in fondo a quello stretto corridoio. Lo zio Filippo non l'ho mai più rivisto e davvero non capisco perché mi sia tornato in mente proprio ora.

Vetrina

L'uomo girava ozioso intorno alla vetrina. Guardava gli oggetti esposti e ogni tanto si piegava lievemente sulle ginocchia per leggere meglio i prezzi.

Dall'interno del negozio, dietro il banco, Angela lo guardava, domandandosi divertita se alla fine si sarebbe deciso a entrare. Lui si fermò un attimo sulla soglia, ancora incerto sul da farsi, poi finalmente si mosse verso di lei e indicando una racchetta ne domandò il prezzo. «Gliela mostro» offrì Angela staccandola dal muro, improvvisamente animata e sollecita. Per lei quel lavoro era una specie di gioco, la stimolava molto persuadere i clienti dubbiosi e ogni volta che li convinceva ad acquistare qualcosa le piaceva credere che lo facessero per compiacerla più che per un reale desiderio dell'oggetto.

Il cliente che aveva davanti non si era mai visto da quelle parti: era un signore distinto, di aspetto molto gradevole. Quasi tutti gli uomini che frequentavano il negozio erano piacenti, atletici e perennemente abbronzati, come si conviene a chi fa uso di articoli sportivi.

«È davvero una splendida racchetta» l'incoraggiava Angela. «È forse la migliore che abbiamo in negozio.»

«Lei gioca a tennis?» domandò l'uomo come se volesse guadagnar tempo. La giovane si portò una mano alla bocca e rise di gusto. «Per carità, sono una frana!»

Ma inaspettatamente, nel compiere quel gesto, fu aggredita da un effluvio sgradevolissimo. La mano che aveva posato sulle labbra aveva convogliato verso di lei un rivoltante sentore di aglio o di qualcosa di simile. Fu colta da grande imbarazzo, il sorriso le si spense e dagli occhi scomparve lo scintillio complice che di solito si accendeva quando parlava coi clienti. Senza parere cercò di aumentare la distanza fra lei e l'uomo e parlando tenne il più possibile il viso rivolto altrove.

Non le importava più che l'uomo comprasse o no, voleva solo che se ne andasse per poter correre in bagno a lavarsi i denti. Ma lui non aveva nessuna fretta. Angela era ormai abituata a quelli che i suoi suoceri chiamavano i «perdigiorno», ne ronzavano tanti da quelle parti e lei pensava che intrattenerli e dar loro corda fosse una parte importante del suo lavoro. In quel momento però le montava dentro un tale disagio che non riusciva neppure a discorrere normalmente. Le sembrava che quell'odore tremendo invadesse tutto il negozio e provava un'indicibile vergogna all'idea che la gente capisse che veniva da lei. Alla fine l'uomo fece il suo acquisto e se ne andò promettendo di tornare presto.

«Brava, ce l'hai fatta anche stavolta!» esclamò allegramente il suocero che era rimasto per tutto il tempo seduto discretamente in un angolo del magazzino. «Non sembrava proprio uno che compra, quello lì.»

Angela non perse tempo a far commenti. Corse a chiudersi in bagno e scrutò ansiosamente la sua immagine allo specchio, come se gli odori potessero avere una connotazione visiva. Vide solo le sue guance avvampate e il viso contratto dall'apprensione. «Che figura!» pensava abbattuta, e immaginava il disgusto dell'uomo che aveva appena acquistato la racchetta. «Ha comprato per tagliar corto, per allontanarsi al più presto da me» si disse impietosamente.

Si lavò i denti con una specie di frenesia, usò dosi abbondantissime di dentifricio, nauseata da quel gusto dolciastro eppure avida di riempirsi la bocca di aromi purificanti. Poi fece una serie di prove, posò la mano a coppa sulla bocca e sul naso, alitò verso l'alto e subito fece una smorfia di disgusto. Quando tornò al banco succhiando caramelle di menta, si augurò che per quel giorno non arrivassero altri clienti. Sperava così di evitare l'umiliazione di doversi nascondere o, peggio, di sapere che stava appestando il prossimo con le sue esalazioni mefitiche.

Ma non ebbe fortuna. Era appena entrato il professor Oberti, un noto medico della città, appassionato di tutti gli sport e quindi cliente assiduo del negozio.

Angela ricordò che proprio la sera prima aveva avuto una discussione col marito per via del professore. «Quando li cura i suoi malati quello lì, se passa tutto il suo tempo da voi?» aveva domandato Nando, astioso.

Lei aveva cercato di scherzarci sopra, ma Nando aveva proprio voglia di litigare e travisava tutto quello che gli diceva in modo antipatico e tendenzioso.

«Ah, lo difendi anche?» aveva strepitato furioso quando gli aveva fatto notare che di solito il professore passava da loro il sabato, giorno di vacanza per tutti. Ma ora le gelosie di Nando erano una preoccupazione ridicola in confronto al problema del suo alito. Oberti era sempre molto cordiale con lei e – in questo suo marito vedeva giusto – si era messo a frequentare il negozio più per il piacere di discorrere che per vera necessità. Si tratteneva per ore a parlare di sport con il suocero che era stato un nazionale di pallanuoto e chiacchierava volentieri anche con lei. «È innamorato di te!» scherzava il padre di Nando con una fastidiosa aria di complicità. Angela però non aveva mai preso sul serio la corte discreta di Oberti e degli altri clienti. Certo ne era molto lusingata e a volte si divertiva a civettare un po'. Ma al di là di questo non era minimamente interessata ai presunti ardori degli acquirenti.

«Cara signora, è in gran forma oggi!» si complimentò Oberti con un'insolita aria insinuante, forse tratto in inganno dalla vampata di rossore che le era salita al viso appena le si era avvicinato.

Angela si muoveva nervosamente, parlava quasi a monosillabi e mentre rispondeva alle sue domande fingeva di cercare qualcosa nei cassetti, piegandosi tutta in avanti per non alitargli in faccia. A tratti inspirava profondamente come se volesse riassorbire i cattivi odori che pensava di aver esalato.

Fu un'autentica sofferenza che si concluse solo quando, col buio, si abbassarono le saracinesche del negozio. Stranamente, in macchina con i suoceri, Angela smise di preoccuparsi del suo problema e si rilassò placata.

Quella sera era invitata con Nando a cena dai suoceri ed

era un sollievo per lei. Era diventato faticoso convivere con i perenni malumori del marito. Almeno in casa dei genitori Nando avrebbe dovuto dominarsi un po'. Dimenticò completamente il suo alito e mentre dava una mano in cucina per preparare la cena le tornò il buonumore.

Purtroppo il padre di Nando quella sera era particolarmente euforico: «Da quando Angela viene ad aiutarci gli affari vanno a gonfie vele. Difficilmente quando un uomo entra in negozio esce a mani vuote». Il loquace signore non si rendeva conto che il suo cicaleccio cadeva in un silenzio carico di tensione. Angela cercò di minimizzare: «È la primavera che invita a fare sport» intervenne nervosamente. «Questo è un periodo buono per tutti.»

Ma il vecchio scriteriato aveva le idee chiare in proposito: «Li attira come il miele. Dovete vederli. Fanno dei larghi giri intorno alla vetrina, poi stringono, stringono ed eccoli lì a farsi vendere qualcosa da lei». E rideva tutto soddisfatto, come se l'idea di mettere la sua bellissima nuora dietro il banco fosse stata la più brillante della sua vita. Era troppo. Nando non alzò nemmeno la voce, anzi parlò pianissimo ma scandendo le parole ad una ad una: «Da domani mia moglie resta a casa» sibilò.

Seguì un silenzio tesissimo, innaturale. Angela cercava di riflettere velocemente: poteva protestare che quella decisione toccava soltanto a lei ma avrebbe scatenato una battaglia di esito incerto. Decise di essere conciliante: «Guarda che tuo padre scherzava» arrischiò, sperando che quel vecchio idiota capisse l'antifona. Anche la madre di Nando intervenne a darle una mano: «Il mese di marzo è sempre stato buono per il nostro ramo» si affrettò a precisare e intanto lanciava al marito delle occhiatacce di cui si avvidero tutti tranne lui.

«Non è che la gente compri di più» continuò imperterrito il temerario signore. «È proprio che da quando c'è lei arrivano dei clienti nuovi di zecca. E poi quelli che entrano tornano sempre, anche solo per comprare delle palline da ping-pong o altre cosette da poco. Ma un viavai così non l'avevamo mai visto. Altro che restare a casa! Io dico che Angela dovrebbe venire tutto il giorno invece che solo al pomeriggio.»

«E insisti anche?» esplose Nando furente. «Non hai nemmeno la decenza di tacere? E tu,» urlò ad Angela ormai senza più ritegno «tu, femminista dei miei stivali, che ne dici di questa sfacciata strumentalizzazione del tuo corpo?»

Il vecchio era trasecolato: gli sembrava di aver portato argomenti serissimi e convincenti. La violenta reazione del figlio gli riusciva incomprensibile: «Ma che ti prende? Sei matto? Non capisci che se gli affari vanno bene i primi a trarne vantaggi siete proprio tu e tua moglie?».

Nando si dimenò sulla sedia esasperato e infelice. «Quali vantaggi? Ma è possibile che la tua anima bottegaia non abbia né pudore né dignità?»

La lite stava per degenerare. Angela decise a freddo un gesto drammatico col preciso intento di metter fine a quella sconcertante scenata.

«Basta!» gridò richiamando tutta l'attenzione su di sé. «Ma per chi mi avete presa? Basta! Me ne vado!»

Uscì come si trovava, in camicetta leggera nella sera fredda e umida. Tornò a casa a piedi sperando che la camminata la placasse. Era furiosa soprattutto col suocero che le stava complicando stupidamente la vita. Lei aveva sfoderato i suoi argomenti migliori per convincere Nando dell'opportunità di lasciarla lavorare fuori casa almeno mezza giornata. E aiutare i suoceri in negozio era sembrata una soluzione soddisfacente per tutti. Ma adesso il vecchio imbecille faceva sembrare il suo lavoro un'esibizione ai limiti della decenza. In fondo sapeva benissimo che molti clienti erano più disponibili a fare acquisti se li serviva lei. Ma dipendeva dal suo garbo, dalla sua capacità di essere gentile con tutti, persino con i rompiscatole. Invece proprio queste sue qualità, nelle parole del suocero, erano di colpo diventate volgari e quasi riprovevoli.

Quando Nando la raggiunse a casa lei era immusonita e glaciale. Non si rivolsero la parola né quella sera né l'indomani mattina. Angela sapeva che il marito aveva ottime ragioni per essere scontento e non voleva affrontare una lite mentre era ancora troppo vivo in lei il risentimento per i vaneggiamenti del suocero. Anche in negozio quel pomeriggio cercò di sorvolare: accettò le generiche scuse dei vecchi e lasciò cadere ogni tentativo di riaprire la discussione.

Entrò un ragazzo sui quindici anni e cominciò a domandare i prezzi di tutto l'equipaggiamento da subacqueo. Angela rispondeva distrattamente perché non era proprio dell'umore giusto e le sembrava che il giovanottino volesse solo perder tempo. Ma di lì a qualche minuto entrò un adulto. «Ecco, zio Aldo, è questo il respiratore che cercavo!» esclamò allegro il quindicenne, mostrandogli l'oggetto dei suoi desideri. L'uomo aveva un sorriso caldo e gioviale. Lanciò ad Angela uno sguardo carico di ammirazione e le chiese di vedere delle pinne per immersione. Angela montò in punta di piedi e alzò le braccia al massimo per prendere l'articolo dall'ultimo scaffale. E in quell'istante si accorse con angoscia che dalle sue ascelle veniva un tanfo nauseabondo. Abbassò immediatamente le braccia come per chiudere le maleodoranti cavità e fu colta da un acuto senso di malessere. Come aveva fatto a non accorgersene prima? Ora il lezzo del suo sudore si sentiva forte, intensissimo. La situazione era molto più drammatica del giorno prima. All'alito cattivo si può rimediare tenendo la bocca chiusa, ma quella puzza si sprigionava inarrestabile dal suo corpo senza che lei potesse farci nulla. L'uomo e il ragazzo parlavano tra loro e Angela pensò che lo facessero per buona educazione, per aiutarsi reciprocamente a superare l'imbarazzo di quelle insopportabili zaffate. Come il giorno prima, inspirò profondamente con le nari dilatate come per assorbire dentro di sé tutti i cattivi odori del mondo.

«Certo che questa roba è carissima» osservava intanto il cliente. Angela si era addossata allo scaffale, ansante. Sentiva un caldo innaturale che le aumentava la sudorazione e il cattivo odore. Non sopportò oltre quel disagio : affidò i clienti alla suocera e dopo aver farfugliato qualche scusa si rifugiò nel retrobottega. Usciti i due dovette spiegare all'anziana signora il motivo della sua fuga repentina. «Guarda che ti sbagli» la rassicurò la suocera. «Qui non c'è nessun odore. E io sono una che li sentirebbe per telefono!» Angela rincasò prima della chiusura. Si infilò sotto la doccia, ma quell'indesiderata «fragranza» sembrava indelebile. Era più forte del profumo della saponetta e persino dell'essenza di pino del bagno schiuma. Scoraggiata Angela uscì dalla vasca. Si cosparse di talco e si vestì. Ma meno di un'ora dopo era di nuovo sotto la doccia. Si lasciava scorrere l'acqua addosso senza muovere un dito perché temeva che, se avesse continuato a strofinarsi, la pelle, irritata, avrebbe puzzato più che mai. Così restava immobile, passiva e infelice aspettando che almeno si attenuasse la paura che l'aveva invasa.

Al suo rientro Nando la trovò affranta, anche perché, alla lunga, le docce l'avevano spossata. Notando la sua insolita remissività pensò che avrebbe accettato di riparlare della sera precedente.

«Non puoi permettere all'avidità di mio padre di usarti in quel modo» disse cercando di parlare in tono conciliante.

«Sei geloso marcio» gli comunicò lei senza un filo di aggressività. «Vuoi sacrificarmi al tuo egoismo. Ma io non ho più voglia di fare la mogliettina devota che ti fa trovare tutto perfetto quando torni a casa. Se non ti va che lavori con i tuoi mi cercherò qualcos'altro.» Angela ripensò a quelle minacce l'indomani, quando ancora una volta fu assalita dai suoi cattivi odori, e nel modo più drammatico.

Si era accovacciata per accarezzare il cane di un cliente e da sotto la gonna le arrivò un afrore caldo, indecente. Cercò di riflettere con un minimo di razionalità. «Non è possibile che ogni giorno io abbia un odore nuovo» si diceva. «Dev'essere una specie di malattia.» Non che quella riflessione la tranquillizzasse, ma l'idea di essere malata, se da una parte l'inquietava, dall'altra le faceva balenare la possibilità di curarsi e di guarire. «Forse esiste qualcosa contro i cattivi odori» pensava senza prendere nemmeno in considerazione la possibilità che quei fetori esistessero solo nella sua fantasia. Nelle settimane successive le capitò sempre più spesso di puzzare. Quasi sempre l'idea di emettere cattivi odori la coglieva in negozio durante una vendita o mentre discorreva con qualcuno che era passato dentro a salutare. Angela si sentiva assediata e le dava le vertigini l'idea che da un momento all'altro il suo corpo potesse emanare odori schifosi. Così anche quando le pareva di non sapere di niente, restava tesa e contratta, aspettando che le pestilenziali particelle invisibili si sprigionassero dai suoi pori per andare a posarsi sugli scaffali, sulla merce, sulle persone che le stavano davanti. S'incupì, diventò fredda e scostante, costretta com'era da quella specie di maledizione a evitare la gente il più possibile.

Alla fine si arrese e non andò più in negozio. I suoceri, naturalmente, attribuirono la sua decisione a un diktat di Nando e in casa scoppiarono liti a non finire. Ma Angela non poteva più vivere con l'angoscia di trovarsi da un momento all'altro avvolta dai miasmi nauseabondi del suo corpo. A casa non le era mai capitato di avere crisi olfattive e si sentiva al sicuro. Lasciato il lavoro, i cattivi odori scomparvero come per incanto. Angela decise di non farsi domande, le bastava che l'incubo fosse finito. Continuò a evitare accuratamente il negozio ma a poco a poco riprese i rapporti sociali. Stava sempre sul chi vive ma riuscì ad andare qualche volta al cinema con gli amici e a frequentare salotti e ristoranti senza che accadesse nulla.

Di fronte alla resa imprevista della moglie Nando ebbe reazioni contraddittorie. Da un lato era soddisfatto che lei indirettamente gli avesse dato ragione. Dall'altro era allarmato da quell'improvviso voltafaccia. «Non mi hai detto tutto» le ripeteva stizzoso e indagatore. «Ti è successo qualcosa e non me lo vuoi dire.»

Angela s'irritava: «Non ti sembra un motivo sufficiente la paura di quegli odori pestilenziali?».

Nando che era stato gelosissimo quando Angela faceva da specchietto per le allodole nel negozio del padre, ora soffriva indicibilmente all'idea che avesse smesso di lavorare per l'ossessione delle puzze. Sentiva che in quella strana «malattia» c'era qualcosa di ostile verso di lui.

Sua moglie era bellissima: aveva un viso da cammeo e un corpo sensuale, perfetto. Gli uomini naturalmente la guardavano e Nando sapeva che i loro pensieri erano tutt'altro che innocenti. Ma questo lo aveva sempre lusingato. Solo quando aveva visto suo padre agitato in modo imbarazzante perché l'aveva in negozio, era stato improvvisamente offeso dall'idea che gli altri uomini potessero fare i cosiddetti «pensierini» su di lei.

Ma l'allarme maggiore gli era venuto dalla faccenda degli odori. Sapeva bene quali fragranze poteva emanare il corpo di Angela. Ogni volta che era eccitata Nando lo capiva dal particolarissimo aroma che esalava. E si eccitava anche lui esaltato da quell'inequivocabile segnale di disponibilità e di desiderio.

Forse, si diceva tormentato e sospettoso, in negozio Angela si eccitava quando tutti quegli uomini le facevano dei complimenti che in pratica erano messaggi di desideri inconfessabili. E il suo odore non era cattivo perché sgradevole, ma perché faceva parte delle cose proibite a una signora per bene, e lei preferiva percepirlo come qualcosa di disgustoso.

Ma se sua moglie si eccitava per gli altri al punto di nascondersi in casa per non cedere a eventuali tentazioni, significava che lui non era più in grado di soddisfarla.

Da questi assillanti pensieri Nando riusciva a liberarsi solo dopo frenetici rapporti sessuali con lei. E Angela, che ne era piacevolmente coinvolta, ma ne ignorava la molla segreta, pensava quanto possano essere maschilisti a volte i mariti. Pur di tenerla a casa Nando si sottoponeva a maratone erotiche che non aveva conosciuto nemmeno a vent'anni.

Gita scolastica

Mi domando se mi capiterà ancora di provare la fresca, cristallina felicità di quel lontanissimo giorno. Avevo ottenuto dai miei il permesso di andare in gita scolastica. Non era mai successo prima. Mia madre era morbosamente apprensiva, vedeva pericoli dovunque e faceva pesare su di me tutte le sue ansie.

Una gita scolastica comportava un viaggetto in pullman che in lei evocava inesorabilmente visioni di incidenti catastrofici. Per tutta la durata delle elementari avevo dovuto assistere da esclusa agli allegri preparativi dei miei compagni ogni volta che la scuola organizzava gite o viaggi di studio. Mi sentivo infelice e triste sia quando si preparavano a partire sia quando ero costretta ad ascoltare i loro entusiastici resoconti al ritorno. Non avevo mai osato protestare con i miei genitori, non trovavo nemmeno il coraggio di dire a me stessa che le loro ansie esagerate ed egoiste mi rendevano infelice. Li vedevo sempre tristi e preoccupati per il mio fratellino maggiore. Piero era molto malato, era nato spastico e per i miei, per la mamma soprattutto, il tentativo di attenuare le sue sofferenze e di correggerne l'handicap era l'unico scopo della vita. Fin da piccolissima ero abituata a sentir parlare solo di farmaci e di dottori. Spesso poi restavo sola con la nonna per parecchio tempo perché i miei trascorrevano lunghi periodi in qualche clinica dove mio fratello veniva sottoposto a esami o a interventi. Nonostante il clima sempre teso che imperava in famiglia, ero una bambina serena, timida forse e un po' introversa, ma senza problemi.

A scuola ero diligente e prendevo sempre ottimi voti. Con i miei coetanei stavo molto bene e gli insegnanti mi apprezzavano. Durante il primo anno delle medie, quando si cominciò a parlare della solita gita scolastica, trovai il coraggio di confidare alla professoressa di lettere la mia pena di non poter partecipare a quella specie di festa collettiva. E lei riuscì, non so ancora come, a convincere i miei che per quella volta non mi sarei sfracellata col pullman in fondo a un burrone. Forse quella vacanza mi diede tanta gioia perché per me era assolutamente eccezionale trovarmi fuori di casa insieme ai miei compagni. Ero riuscita a prender posto nella prima fila del pullman e guardavo avidamente il mutevole panorama. Questo però non mi impediva di cantare a gran voce tutte le canzoni che intonava il coro. Ci si può sentire così appagati solo da bambini e io allora avevo dentro di me una carica di ottimismo e di positività di cui vorrei aver conservato almeno qualche traccia. Il programma della gita era molto vario: dovevamo visitare Pisa e poi passare a salutare il nostro ex insegnante di religione che era diventato parroco di un paesino dei dintorni. Avremmo pranzato con lui, poi avremmo proseguito per Lucca. Non era una prospettiva straordinaria eppure a me sembrava molto eccitante. Dopo una chiassosissima visita al Campo dei miracoli, con la solita scorribanda tra le bancarelle dei souvenir, risalimmo tutti sul pullman per andare da don Carmine. La sua parrocchia era in cima a un dolce pendio, la chiesa, fiancheggiata da un bel campanile, era circondata da cipressi esili e severi. Fu una festa ritrovare il nostro insegnante e, almeno per me, mangiare in trattoria fu un evento.

A tavola il sacerdote raccontava le sue esperienze di parroco di campagna e decantava le bellezze del luogo. «Dal terrazzino del campanile» diceva orgoglioso «si gode la più bella vista della Toscana.» «Ci si può arrivare senza pericoli?» s'informò l'insegnante di lettere. Certo che si poteva. Sicché dopo pranzo, resi se possibile ancora più effervescenti dalla pausa conviviale, ci avviammo in fila indiana su per l'interminabile scala che portava in cima al campanile. Io fui la più veloce. Dopo le prime rampe tutti avevano il fiatone, ma io non sentivo né fatica né affanno. M'inerpicavo spedita sui ripidi gradini esaltata da quell'imprevisto primato. Dietro di me arrancavano sfiatati i miei compagni. Fui la prima ad arrivare in cima e uscii sullo stretto terrazzino che girava intorno alla cella campanaria. Di lì lo sguardo poteva spaziare di collina in collina in un incantevole alternarsi di colori: il verde dei campi, le chiazze brune della terra smossa, il pallido argento degli ulivi che mostravano il retro delle foglie per annunciare la pioggia, come spiegò qualcuno. Non ci fermammo a lungo lassù: presto venne il momento di scendere. Mi avviai verso le scale e vidi, sorpresa, che ai miei piedi si apriva una voragine buia. Certo, era la stessa apertura da cui ero uscita arrivando, ma a vederla dall'alto sembrava una grande bocca nera pronta a inghiottirmi. D'un tratto mi sentii avvolta da una specie di nuvola di fumo densa e soffocante. Si chiama angoscia, ma allora non lo sapevo. Provai ad allungare un piede verso il primo scalino, vicinissimo, ma ero paralizzata dal terrore. Dietro di me si assiepavano i miei compagni pronti a scendere. Scherzavano ma chiedevano il passo impazienti. Avrei voluto far finta di nulla, ma ero come pietrificata. Non potevo scendere, ma non potevo nemmeno spostarmi di lì. Stavo immobile con gli occhi inchiodati su quella paurosa falla nel pavimento. Mi oltrepassarono con faticose contorsioni, uno, due, dieci ragazzi, ma io, nonostante i miei sforzi, non riuscivo a muovermi. La professoressa di lettere cercò di convincermi che non mi sarebbe successo niente se avessi fatto quel fondamentale primo passo avanti, ma ormai era chiaro anche agli adulti che mi era accaduto qualcosa di strano.

Venne don Carmine e anche lui provò senza risultato a tranquillizzarmi. Furono i cinque minuti più lunghi della mia vita. Bisognò ricorrere alla forza: il sacerdote, facendo audaci esercizi di equilibrio, dovette portarmi giù di peso. Mi aveva presa in spalla e io scendevo aggrappata a lui come un naufrago al salvagente. Gli occhi chiusi, il viso in fiamme, il cuore impazzito, il corpo dolorante e contratto. Così irrigidita dal terrore da risultare pesantissima per il povero prete che arrivò giù ansante e madido di sudore. Sentii i miei compagni sussurrare frasi mozze e vidi con acuta sofferenza dissolversi miseramente l'aureola di forza e di vitalità che avevo conquistato salendo ardita in cima al campanile. La mia struggente felicità era già finita. Da quel giorno non riesco più a fare le scale in discesa.

Sono passati più di dieci anni eppure in me si alternano ancora il rimpianto di quella straordinaria felicità e l'ansia che mi procura il ricordo del mio primo attacco di panico.

A volte penso che in quell'episodio c'era qualcosa di profetico: gli anni successivi sono stati tutti in salita per me. Ma io mi sono mossa con lo stesso piglio determinato e festoso che avevo quel giorno mentre m'inerpicavo sul campanile di don Carmine. La mamma, sempre più tetra ed egoista, ha usato la malattia di mio fratello per rinchiudersi in un guscio ostile. Ne ha fatto un alibi e una prigione. Papà si è incupito; passa le giornate chiuso nello studio a ordinare le monete della sua collezione. O almeno così dice. Con me parla pochissimo e se lo fa è solo per sapere come vanno i miei studi. Capisco che è il suo modo di farmi sentire che si occupa anche di me oltre che delle sue monete e io accetto grata il poco che mi dà. In casa il clima è pesantissimo. Il più generoso e il più sereno è Pietro, nonostante la sua condizione.

È difficile per chi non lo conosce capire perché mio fratello sia diventato per me un consigliere e un appoggio. Ma lui è una persona molto speciale. Tra noi non c'era mai stato un vero rapporto fraterno. In parte perché lui non è normale, ma soprattutto perché la mamma, forse inconsapevolmente, non permetteva a nessuno di stabilire un legame qualsiasi con lui. Per me era una presenza inquietante, per i miei genitori una fonte di preoccupazione, ma niente di più.

Non lo amavo, ma non perché ne fossi gelosa o mi sentissi respinta dalla sua malattia. Semplicemente, non mi era mai venuto in mente che Pietro si potesse anche amare oltre che osservare, rispettare e persino temere. Un pomeriggio, avrò avuto circa dieci anni, stavo facendo i compiti seduta come al solito al tavolo di cucina. Pietro era sulla sua mastodontica sedia a rotelle. Ero abituata a muovermi sotto i suoi occhi attenti e misteriosi. Non mi accorgevo nemmeno più della sua presenza. La mamma era scesa dalla sua amica del piano di sotto, come faceva ogni tanto nel pomeriggio, ma si trattava sempre di assenze brevi. C'era la radio accesa e a un certo punto la nostra cucina un po' tetra fu invasa dalle note di una musica vivace, elettrizzante. Io copiavo il compito in bella con la testa china sul quaderno, ma sotto il tavolo i miei piedi irrequieti battevano sommessamente il tempo della canzone. Quando la sentii, la voce di Pietro mi sembrò irreale. «Ba-ll-la» diceva. «Ba-ll-la.» Subito pensai di aver sentito male, era forse la prima volta che mi parlava direttamente. Mi voltai a guardarlo sorpresa: lui muoveva faticosamente le mani e mi invitava, come poteva, a ballare. Era una richiesta ben strana, non sapevo che fare. Lo guardai ancora interrogativamente. Lui di scatto piegando penosamente la testa stese contemporaneamente le braccia e le gambe. Ma sorrideva. «Ba-ll-la» insisté. Scivolai giù dalla sedia e cominciai a muovere timidi passi di danza. Mi sentivo legata e maldestra. Ma vidi che Pietro mi fissava contento e continuava a sorridermi incoraggiante. Man mano che il ritmo incalzava e le mie gambe si scioglievano, diventavo più disinvolta e leggera, e sentivo sciogliersi dentro di me un grumo di tensione di cui fino allora avevo ignorato l'esistenza. Ballai per mio fratello finché non sentii il cigolio della porta d'ingresso che si apriva. Allora tornai precipitosamente al mio posto e quando la mamma entrò niente lasciava capire che era accaduto qualcosa di molto importante. Lanciai un rapido sguardo a Pietro. Aveva ripreso la sua solita espressione malinconica, ma, come nostra madre voltò le spalle, mi lanciò un'occhiata di complicità.

Non c'era nulla di riprovevole in quello che era accaduto, ma decisi automaticamente di non farne parola a nessuno. Ora io e Pietro avevamo un segreto. Ma fu solo il primo. Da quel pomeriggio, ogni volta che restavamo soli, cercavo le musiche più vivaci alla radio e sgambettavo allegramente mentre lui m'incoraggiava agitando le mani. Tra Pietro e mia madre c'erano spesso dei conflitti. La mamma voleva sempre vincere, ed erano vittorie facili, ma lui si prendeva le sue rivalse decidendo ad esempio di non bere una medicina o di non mangiare all'ora decisa da lei.

Scoppiavano delle autentiche liti tra loro. La mamma usciva sbattendo la porta e Pietro restava lì crucciato e cupo.

«Ba-tt-ti i pie-di» mi disse un giorno che avevo assistito a una delle loro scenate. Guardai con apprensione la porta da cui era uscita la mamma. Lui insisteva: «Ba-tt-ti i pie-di!». Cominciai a pestare ritmicamente l'impiantito, cercando di non fare troppo rumore. «Fo-rrr-te, fo-rrr-te» m'incoraggiava lui. Ci presi gusto e scoprii che anch'io avevo buoni motivi per manifestare il mio disappunto. Fu un bellissimo gioco di rabbia e di libertà.

Senza rendermene conto, a scuola avevo cominciato a parlare di mio fratello alle mie amichette. Non so bene che cosa raccontassi, ma mi accorgevo con grande meraviglia che loro mi ascoltavano sempre con entusiasmo quando parlavo di lui. Un giorno Alice, una piccoletta con le treccine, mi porse un foglio: «È per Pietro» disse. «Tu non lo leggere però!»

Fu difficilissimo, ma mantenni la promessa. Dovetti aspettare la fine di una lunga seduta di Pietro con la fisioterapista, poi l'uscita della mamma che quel giorno non si decideva mai a scendere dalla sua amica. Il biglietto di Alice, nella mia tasca, sembrava una cosa viva, pulsava dalla voglia di essere letto.

Pietro fu incantato dall'idea di ricevere una lettera. Volle sapere tutto della bambina che gliela mandava e dovetti ripetere diecine di volte, sempre con le stesse parole, la descrizione di Alice.

«Caro Pietro,» diceva la lettera «se vuoi una volta vengo a ballare da te. Ti voglio tanto bene. Alice.»

Qualche giorno dopo anche Carlotta mi diede un biglietto. Martina invece mi portò un disegno e Lucia mi pregò di dare a Pietro due caramelle di menta. Tutto questo avveniva in gran segreto. Le cronache delle giornate di Pietro le facevo sottovoce, interrompendomi se la maestra si avvicinava. Le letterine passavano furtivamente dalle mani delle mie compagne alle mie e altrettanto furtivamente arrivavano a Pietro. Forse questo bisogno di segretezza dipendeva dal fatto che la mamma non mi permetteva di invitare a casa le mie amiche. Non spiegava perché, ma io sapevo che era per Pietro.

Le mie giornate erano diventate pienissime perché oltre alle occupazioni consuete dovevo ballare per Pietro, scrivere sotto dettatura le sue lettere alle bambine e raccontargli tutto quello che succedeva a scuola. Dopo una prima esperienza poco felice i miei genitori avevano deciso di ritirare mio fratello dalla scuola e di farlo seguire a casa da insegnanti privati. Non che lo avessero isolato, Pietro frequentava una palestra, e spesso la mamma lo portava a spasso. Ma a lui ormai piaceva più di tutto giocare con me e discorrere in gran segreto delle nostre amiche.

Di quella famosa gita scolastica parlai a lungo a Pietro prima di partire. Era come se lui si preparasse con me al grande evento. Gli raccontavo il programma, l'eccitazione che si addensava in classe e gli facevo mille promesse. Certo che avrei pensato a lui, certo che gli avrei scritto delle cartoline e gli avrei portato dei regali.

Quando rientrai Pietro sentì subito che qualcosa in me era cambiato. Avevo deciso di non dirgli nulla della scena del campanile e non lo feci, ma lui non riusciva a entusiasmarsi come al solito ai miei racconti. Evidentemente non avevo saputo nascondergli la mia delusione e la mia angoscia per quanto mi era accaduto. Mio fratello non immagina nemmeno che ho paura a scendere le scale. Non gli raccontai il primo episodio e neanche i successivi. Per la prima volta da quando era iniziato il nostro meraviglioso rapporto mi sentivo costretta a nascondergli qualcosa e a non essere sincera fino in fondo con lui. Il mio è stato un gesto di amore e di protezione. Fin da quella drammatica prima volta, capii che la mia fobia delle scale in discesa aveva a che fare con i problemi di Pietro. Nella folgorante mattina della gita a Pisa non avevo pensato a lui nemmeno una volta. Presa dalla novità e quasi ubriaca di entusiasmo, avevo del tutto dimenticato la persona più importante della mia vita. Ripensandoci in seguito ho ricordato – ma chissà se era vero – che mentre salivo trionfante la ripida scaletta del campanile, mi ero domandata qualcosa come: «Chissà cosa dirà Pietro quando glielo racconterò?».

Non c'è bisogno di grandi psicologi per capire che il mio disturbo nasce dal fatto che io non cammino solo con le mie gambe ma anche con quelle malate di mio fratello.

Mio padre è morto all'improvviso. Lui che era forte come una roccia. Lo ha ucciso un infarto mentre, dall'ufficio, prendeva contatti con un chirurgo famoso per l'ennesimo tentativo di operare Pietro. Il giorno dopo il funerale, il notaio mi ha dato una sua lettera.

Mia dolcissima bambina,

Sarai adulta e forte, spero, quando leggerai questo mio scritto. E forse ti sarà più facile capire e perdonare. Non so che cos'hai pensato del tuo povero papà il giorno in cui, mentre correvi allegra giù dalle scale, mi hai visto uscire dall'appartamento della signora Elisa, la più cara amica di tua madre, in un'ora in cui dovevo essere in ufficio. So che devi averne sofferto molto. Sei stata leale e coraggiosa: hai tenuto il segreto. Io, al contrario, ho sbagliato perché avrei dovuto parlare, darti qualche spiegazione. Ma eri così piccola, temevo di farti ancora più male. E poi mi spaventava il tuo giudizio di bambina saggia e taciturna. Come potevo dirti che amavo un'altra donna e che vivevo nella menzogna? Non cerco di giustificarmi, sono stato un pessimo marito e un cattivo padre. Ti chiedo perdono per aver fatto pesare su di te la mia infedeltà e la vigliaccheria nella quale mi sono crogiolato per anni. Quel mattino non mi ero ricordato che non saresti andata a scuola e nemmeno che alla tua età non potevi prendere l'ascensore. Così ti ho vista scendere le scale festosa come un cucciolo e poi fermarti di colpo, dapprima sbalordita e subito dopo pallida e spaventata. Sei tornata precipitosamente sui tuoi passi fingendo di non avermi riconosciuto. E da allora quando i rimorsi mi tormentano ti rivedo su quelle scale. Chissà se potrai mai perdonarmi.

Il tuo papà

Paura, amica mia

Una bella fiaba dei fratelli Grimm racconta il dramma di un uomo che non conosceva la paura. Era valoroso e audace, ma sentiva di non avere meriti perché compiva le sue imprese serenamente, senza timori di nessun genere e quindi senza una vera vittoria su se stesso. Privo di quella fondamentale emozione, il nostro impavido si sentiva mutilato, incompleto. Sicché decise di intraprendere un lungo e avventurosissimo viaggio proprio per andarsi a cercare la paura.

Mi piacerebbe che la lettura di questo libro somigliasse a quel viaggio e che risultasse importante e significativa per tutti quelli che, cercando di conoscere le loro paure, cercano in fondo di sapere i motivi remoti dell'essere e del malessere della loro vita.

La paura è un sentimento troppo necessario perché si possa farne a meno. Se non l'avessimo mai conosciuta non potremmo capire la serenità, né la gioia dei nostri raggiungimenti e l'orgoglio del nostro coraggio.

C'è dunque una paura primordiale, sana, addirittura necessaria che ha il compito di cogliere gli eventuali pericoli che incombono su di noi e di metterci in allarme in tempo per salvarci.

Parallelamente vi sono altre paure meno primitive, ma sempre normalissime. Chi può dire di non temere la morte, le malattie o la perdita dell'amore? Nel naturale evolversi della quotidianità, di solito si evita di pensare a queste cose proprio perché rappresentano passaggi drammatici e spesso inevitabili della nostra esistenza.

L'ansietà che ruota intorno ai grandi temi della vita, dell'amore e della morte scorre dentro di noi, silenziosa e tranquilla come un fiume sotterraneo. Ma può anche, a volte, sollecitata da eventi o da situazioni straordinarie, avere urgenza di uno sblocco, di un deflusso che serva ad abbassarne il livello salito eccessivamente. Di fronte alle emergenze emotive ci sono due possibili difese: o si «imbriglia» l'ansia spostandola su un'unica paura, o si ricorre a un contegno fatto di gesti ripetitivi e meccanici per crearsi l'illusione di avere nelle nostre mani le redini di certe situazioni.

Nel primo caso si sceglie un aspetto, uno solo, della complessa realtà che ci circonda e si convoglia su di esso tutto il carico d'ansia che altrimenti vagherebbe troppo liberamente. Nascono così le stravaganti paure di cose che di norma non desterebbero nessuna apprensione. Possono sembrarci di colpo minacciosi gli oggetti più innocenti e le situazioni più normali e consuete della vita. Il coltello col quale durante i pasti tagliamo il nostro pane quotidiano può misteriosamente diventare fonte di pensieri cupi e spaventosi. La strada che percorriamo ogni giorno per tornare a casa si trasforma, per oscuri motivi, in un *tapis roulant* dove si mettono a correre idee tetre e incontrollabili sgomenti. Si parla allora di fobie e cioè di manifestazioni diverse dalle paure perché, mentre queste ultime hanno una giustificazione più o meno fondata, le prime non avrebbero in sé alcun motivo per scatenare turbamenti e patemi.

L'altra risposta di fronte all'angoscia esistenziale, comunque mascherata, è quella che si fonda su un bisogno incoercibile di compiere gesti sempre uguali a se stessi. Si tratta di piccoli riti che hanno la funzione psicologica di darci l'illusione di essere padroni delle leve segrete dell'ansia. Tornare continuamente a verificare se si è spento il gas, ad esempio, è un modo per convincersi che tutta la pericolosità della notte incombente, e delle inquietudini che porta con sé, sta in quella magica levetta: basterà tenerla sotto stretta sorveglianza per assicurarsi l'incolumità.

Sia le fobie sia i piccoli rituali ossessivi sono legati a espedienti personalissimi per gestire l'ansia: con le paure la si riduce circoscrivendola, con le ossessioni la si domina. E proprio perché mirano in modi diversi a un identico scopo i due comportamenti spesso si mescolano e si confondono, sicché non è sempre facile distinguere i sintomi fobici dai sintomi ossessivi. Si finisce allora, parlando di fobie, per intendere in senso lato entrambi i disturbi.

Chi incorre in queste disavventure non è necessariamente un nevrotico. Accade anche a persone sane ed equilibrate di avere, in certi periodi, la tendenza a vivere ansiosamente situazioni che in altri momenti non avevano destato nessun timore.

Ho considerato piccolissime le paure e le ossessioni raccontate nel libro proprio perché non sono così aggressive da bloccare o condizionare in maniera determinante il corso regolare della vita. Molte persone, proprio come i protagonisti delle mie storie, scelgono di convivere con le loro stranezze segrete e all'esterno non trapela nulla della loro sofferenza o delle loro continue sfide a se stessi per vincersi o almeno per non lasciarsi sopraffare. Si tratta naturalmente di casi in cui l'equilibrio psichico generale rimane inalterato e le paure rappresentano sintomi isolati che non condizionano una personalità per altri versi stabile e armoniosa. In situazioni simili è molto difficile che si pensi di ricorrere al medico o allo psicoterapeuta, visto che di solito si riesce a integrare il proprio disturbo psichico con le abitudini quotidiane. Le persone che soffrono di fobie minori se ne difendono da sole e si abituano a veri e propri slalom per evitare tutto ciò che potrebbe farle trovare nelle condizioni temute. Più le paure e i rituali sono stravaganti, più è difficile che chi ne soffre si decida a parlarne. Questo perché si ha paura di essere derisi, ma anche perché si è consapevoli che ai nostri giorni si è sempre meno disposti ad ascoltare i problemi del prossimo.

Ma è giusto tenercele le nostre paure?

Tutto ciò che genera sofferenza andrebbe naturalmente eliminato. E sarebbe possibile cercando di smascherare con un'adeguata terapia psicologica quello che si nasconde dietro l'apparente mistero del sintomo. Ma non sempre è agevole decifrare ciò che la paura rappresenta.

Occorrono spesso introspezioni profonde e un assiduo, impegnativo lavoro su se stessi. E l'idea di un processo tanto lungo e inquietante sgomenta anche i più coraggiosi, per cui si scelgono soluzioni più veloci, come quella di convivere col sintomo assumendo tutt'al più farmaci antiansia nei periodi più duri. C'è poi da considerare l'ipotesi che oltre a difenderci dalla paura dell'ignoto che alberga in noi, le piccolissime paure, a dispetto del loro contenuto d'inquietudine e di sofferenza, possono avere il compito di proteggerci anche dagli imperscrutabili pericoli che magari incombono su di noi a nostra insaputa.

Tra gli aspetti più oscuri delle repentine esplosioni fobico-ossessive, c'è il fatto che compaiono improvvisamente, senza motivi apparenti. Accade ad esempio che una persona che aveva sempre viaggiato tranquillamente manifesti di colpo un'irresistibile fobia per il treno o per un altro mezzo di trasporto e che, dopo un periodo di mesi o di anni, il disturbo scompaia con la stessa misteriosa fulmineità con la quale era comparso. In questi casi si può immaginare che quella specifica paura si sia manifestata in un momento in cui il corpo o la psiche avevano urgenza di esser difesi o sostenuti. E c'era bisogno soprattutto di distrarre, spostandole altrove, grandi quantità di ansia.

Non sembra più così arrischiato oggi, alla luce dei più recenti studi di psicosomatica, ipotizzare che le nostre viscere o il nostro vecchio inconscio sornione percepiscano molto prima della nostra mente quel che ci minaccia. Potrebbe essere una grave tensione psichica o l'incubazione di un malanno fisico, certo è che la più astrusa delle paure in molti casi sembra funzionale alla «tenuta» dell'equilibrio psichico e al mantenimento della salute fisica. Una specie di controprova di questa suggestiva ipotesi sembra offerta dal fatto che di solito le fobie e le ossessioni, sia quelle di lieve entità sia quelle più preoccupanti, scompaiono del tutto quando sopravviene una malattia fisica più o meno grave o un evento traumatico che altera notevolmente gli equilibri precedenti. Gli psicologi sostengono che la piccola paura sparisce perché ha fallito il suo compito: la malattia dalla quale avrebbe dovuto proteggerci ha preso il sopravvento e ha spazzato via quel singolare tipo di difesa. Le persone di cosiddetto buon senso invece dicono che, con la malattia o con i problemi imprevisti, il fobico-ossessivo ha avuto cose più serie a cui pensare e non ha più potuto occuparsi delle proprie «fisime».

Tutti abbiamo probabilmente qualche paura attiva o quiescente. Può essere una tensione che ci tormenta quotidianamente ma può anche sonnecchiare a lungo dentro di noi per rivelarsi improvvisa e misteriosa in circostanze apparentemente normali.

È davvero affascinante scoprire quanti modi conosce la paura per aiutarci a manifestare ansie, insoddisfazioni e malesseri. Ognuno, sulla base della propria storia personale, del proprio modo di interpretare e sentire gli eventi quotidiani può inventarsi una forma originale e spesso impenetrabile di paura.

Nel libro ho raccontato paure vere di persone vere. Naturalmente ho alterato qualche dato di ogni storia per non rendere riconoscibili personaggi e situazioni. Di ogni piccola paura si raccontano il sintomo e il decorso. Infine si avanzano una o più ipotesi sulle cause remote che possono esserne all'origine. È forse il caso di sottolineare che il tempo necessario per capire cosa nascondeva ogni paura è stato ben più lungo di quello che si impiega a leggere un racconto. Nella realtà si capisce più lentamente e con incertezze e difficoltà molto maggiori. A volte non si arriva a una spiegazione soddisfacente oppure le ragioni trovate non bastano a far sparire il sintomo. Ma è comunque molto utile aver acquistato la capacità di leggere in se stessi più profondamente di quanto non si sia soliti fare. Questo perché, soprattutto nel caso delle paure, è molto importante per chi ne soffre disporsi a un attento autocontrollo e riuscire almeno ad attenuare gradualmente la forte carica di negatività che si attribuisce alle cose. Non bastano né il buon senso né la buona volontà a liberarci dai sintomi di questo genere. Chi è afflitto da una fobia è consapevole dell'assurdità delle sue azioni e dei suoi pensieri, ma non riesce a staccarsi dai sintomi, con cui cerca di procurarsi sicurezza e protezione.

I personaggi descritti nel libro mi hanno raccontato le loro paure al di fuori di una psicoterapia. Nessuno di loro mi ha consultato per essere guarito dai suoi sintomi, come se in questi casi si avesse l'abitudine ad arrangiarsi da soli o si fosse rassegnati alla loro irreversibilità.

In effetti è molto probabile che a quel tipo di problema si finisca con l'affezionarsi, almeno nei casi in cui le paure non costituiscono una grave limitazione della libertà e del buon vivere.

Ho raccontato ventidue piccolissime paure, alcune piuttosto comuni e ricorrenti, altre decisamente singolari, ma sono solo una piccola parte di quelle che l'inesauribile immaginario collettivo riesce a creare.

Si può fabbricare una fobia su qualsiasi cosa: c'è chi ha paura del vento, chi di microbi invisibili nell'aria. Alcuni temono lo spazio quando è strutturato o quando è stretto, oppure temono i paesaggi inconsueti, emozionanti per bellezza e maestosità. C'è chi ha paura del vuoto, chi dell'aria, chi delle cascate. Altri temono il tempo cronologico, ed esiste, piuttosto diffusa, l'agorafobia temporale, cioè la paura della domenica e dei giorni di vacanza, perché sono minacciosamente «pieni» di tempo «vuoto».

Le cause occasionali dei disturbi fobici sono le più disparate, alcuni studiosi ne hanno tentato un inventario raccogliendone oltre cento diverse varietà. Ogni tentativo di catalogarli risulta però inevitabilmente parziale e superato. La suddivisione più classica delle fobie è quella che le divide in tre grandi gruppi basandosi sul loro contenuto. Paura di situazioni, di esseri viventi o di oggetti, sono le tre etichette che possono aiutarci a ordinare la sbalorditiva schiera delle forme fobiche. Ma si dà il caso che alcune paure siano di difficile collocazione. La paura degli spaghetti ad esempio potrebbe rientrare sia nel gruppo «situazioni», perché si verifica durante i pasti, sia nel gruppo «oggetti», perché si scatena solo in presenza di quel tipo di pasta.

Il contenuto delle manifestazioni fobiche cambia continuamente, si potrebbe dire che si aggiorna, utilizzando oggetti e simboli della nostra società attuale per camuffare ansie antiche. La paura di essere magnetizzati dalle carte di credito è solo una delle fobie tecnologiche moderne. Cominciano a diventare sempre più numerose le paure dei computer e delle segreterie telefoniche. Ho conosciuto una giovane donna che, per essere stata costretta a lasciare un messaggio su una di quelle che definiva «orribili macchinette», ha trascorso una giornata di panico assoluto. Stava malissimo all'idea di aver lasciato, anzi abbandonato, in un luogo sconosciuto la propria voce, staccata da lei e non più controllabile. In questo caso l'ansia da segreteria telefonica nasconde una delle paure fondamentali dell'esistenza, quella di perdere la propria integrità fisica, di vedere importanti parti di sé dissociarsi e disperdersi. Dello stesso genere è la paura di quelli che, come certi popoli di cultura antropologica, odiano farsi fotografare, segretamente angosciati dall'idea che la loro immagine, staccata dal corpo, possa vagare lontano, sottraendosi al dominio o alla conoscenza di chi ne è, per così dire, il legittimo portatore.

Anche il telefonino, questo status symbol a buon mercato tra i più ambiti dell'ultimo decennio, può scatenare il terrore. Un giovane rappresentante di commercio lo vedeva addirittura come una sorta di persecutore ultraterreno. Se solo tentava di prenderlo in mano era paralizzato dall'angoscia. Eppure, quando sua madre e la sua fidanzata, unendo i loro risparmi in un'insolita complicità, gliel'avevano regalato, era stato felicissimo. Le due donne avevano stabilito una specie di turno chiamandolo alternativamente, e quest'aria di casa lo gratificava e lo inteneriva. Ma gli intervalli fra le chiamate erano diventati sempre più brevi, finché il tremendo oggettino si era messo a squillare quasi in continuazione. Le invadenti attenzioni delle sue «care» lo facevano sentire guardato a vista, sottoposto a uno spietato controllo capillare. Roba da scappare agli antipodi. Finché un giorno il povero ragazzo ricordò di aver già vissuto qualcosa del genere quando, da bambino, aveva cominciato ad aver sempre più paura dell'angelo custode. «Lui ti vede» gli dicevano. «È sempre con te, sa tutto quello che fai...»

E questo, ben lungi dal farlo sentir protetto, lo aveva gettato in uno stato di angoscia permanente. Insomma per lui il telefonino era la controfigura elettronica del suo persecutore alato.

La fobia di emanare cattivi odori si sta diffondendo in Giappone come una sorta d'inquietante epidemia. Il fatto in sé parrebbe misterioso: perché proprio i giapponesi? La spiegazione sembra legata alla fortissima interdipendenza sociale che esiste in quel Paese dove il giudizio della collettività può pesare in modo determinante su un individuo. Il cattivo odore diventa allora una subdola minaccia, la fonte dell'incontrollabile timore di avere in sé qualcosa di socialmente disapprovato e di essere per questo emarginati e rifiutati.

Ma la natura trova sempre modo di vendicarsi e infatti, a quanto pare, attualmente nei Paesi del Sol Levante stanno ottenendo grande favore i distributori automatici di mutandine femminili già portate e maleodoranti. Una specie di contrappasso sorprendente ma molto significativo.

Le manifestazioni fobiche sono dunque una specie di grande serbatoio al quale si può attingere quando si vuol evitare di prender coscienza di qualcosa che sarebbe troppo penoso ricordare o scoprire.

Ma da che cosa è determinato il loro contenuto e perché le stesse paure si manifestano in modi tanto diversi da una persona all'altra? È questo che ci si domanda più spesso davanti alla stravaganza dei sintomi. E la risposta, per forza di cose, è invariabilmente vaga e deludente. Su questo tema nessuno può dare indicazioni generali e valide per tutti, perché la paura appartiene a una sfera di emozioni indifferenziate, di sensazioni spesso inesprimibili e contraddittorie. Anche quando è scatenata da un fatto specifico e concreto, la sensazione di spavento si stacca da ciò che l'ha provocata e attinge alle angosce primordiali legate all'idea dell'ignoto e della difficile difesa della propria identità.

La giovane ex terrorista che racconta la sua angosciosa paura di essere pietrificata, con il suo sintomo non manifesta solo un tormentoso senso di colpa per aver tradito i suoi compagni, ma anche una più generale angoscia di morte accentuata probabilmente dalla obbiettiva pericolosità della sua esperienza. Anche la claustrofobia può essere interpretata come una simbolica paura di morire, ma si manifesta in infinite forme non sempre immediatamente riconoscibili. Per il giovane che ha paura ad attraversare strade strette può esser facile fare una diagnosi di claustrofobia, meno immediato però è riconoscere lo stesso tipo di paura nella paura degli spaghetti di cui abbiamo già parlato. L'idea che la popolare pasta si trasformi in una fune capace di stringere e soffocare evoca di fatto la sensazione di soffocamento e di chiusura tipici delle ansie dei claustrofobi.

Al contrario, un sintomo classico di claustrofobia, la paura dell'ascensore, assume nella storia della moglie infedele un carattere decisamente insolito. Non è specificatamente la paura del luogo chiuso che atterrisce la fedifraga, ma l'angoscia di essere tradita dal proprio impulso a confessare al marito il tradimento. Nel suo caso, la pressione dello spazio troppo stretto potrebbe accentuare il suo desiderio di aprirsi e di liberarsi del suo pesante segreto. Eppure anche questa volta la paura che sembra circoscritta e sdrammatizzata da una banale questione di corna, può celare l'ansia ben più profonda di venire sconfitti nell'antica lotta tra la coscienza e gli istinti.

Certo ogni fobia, ogni ansia transitoria, legata a questo o quell'evento della vita, possono rappresentare in sintesi quello che siamo e il mondo in cui viviamo. Raccontare le paure quindi ci aiuta a condividere le nostre ossessioni e a capire qualcosa di più di quello che siamo e di quello che potremmo essere.

«Certe piccolissime paure»
di Gianna Schelotto

Collezione Ingrandimenti

Arnoldo Mondadori Editore

Finito di stampare nel mese di aprile 1994
presso Arnoldo Mondadori Editore S.p.A.
Stabilimento NSM di Cles (TN)

Stampato in Italia - Printed in Italy